SIE HABEN IHR
BABY AM AIRPORT
VERGESSEN

MARYAM KOMEYLI
Andreas Heineke und Christian Löwendorf

SIE HABEN IHR
BABY AM AIRPORT
VERGESSEN

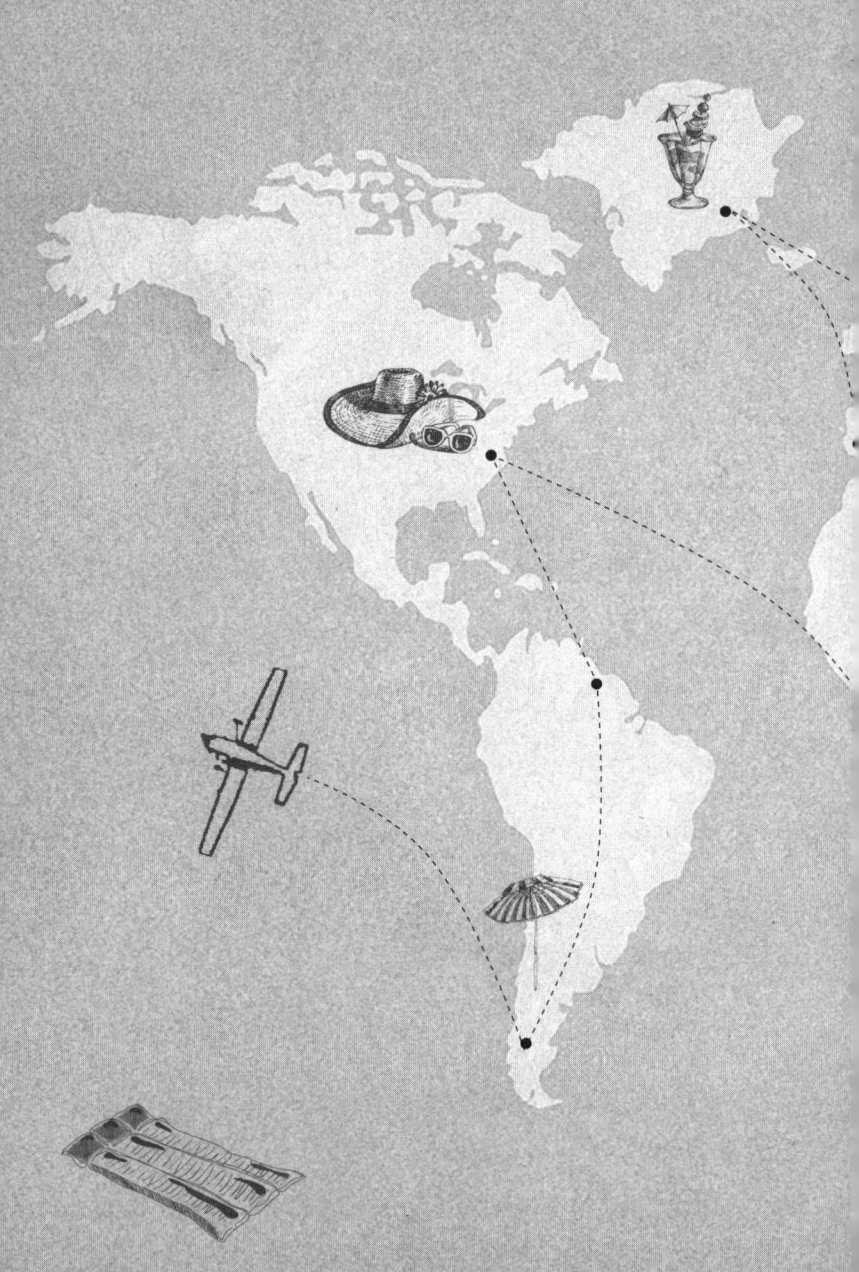

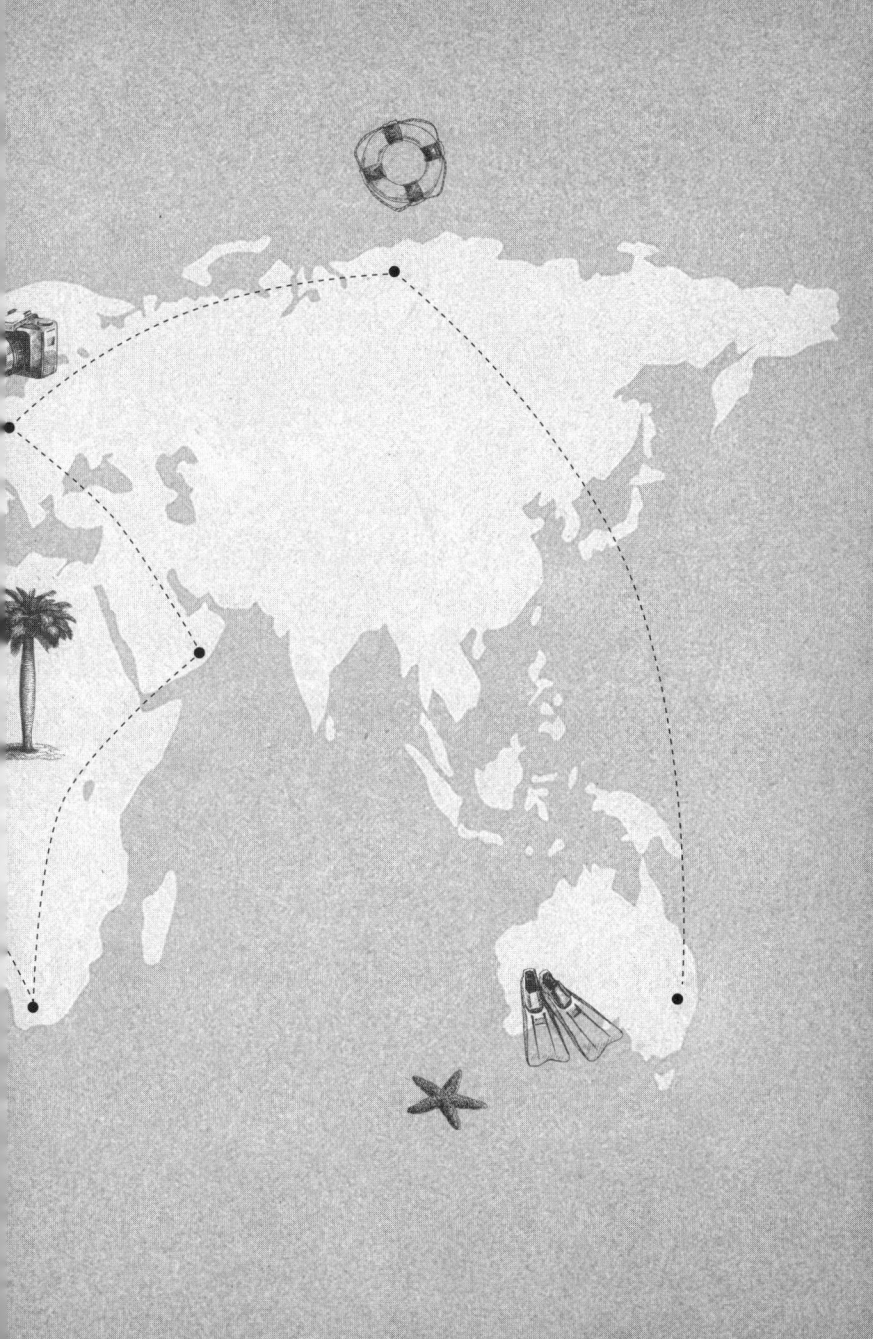

INHALT

VORWORT

Liebe Leserinnen, liebe Leser,
in diesem Buch finden Sie ein paar der unglaublichsten Geschichten, die mir in den letzten 25 Jahren passiert sind. Geschichten vom Schalter am Hamburg Airport und aus meinem Reisebüro auf der Reeperbahn, der sündigsten Meile Deutschlands.

Sollten Sie gerade in Reisevorbereitungen stecken, in einem Flieger in den Süden sitzen oder an einem feinsandigen Strand unter einer Palme liegend Ihren Urlaub genießen, dieses Buch lesen und denken: »Gibt es doch nicht, kann doch alles nicht sein!«, dann denken Sie bitte daran: Die Frau in der Schlange des Showkochens am Hotelbuffet, die sich vier Spiegeleier, zwei Käseomeletts und eine Portion Rührei (»Bitte ohne Bacon, ich achte im Urlaub auf meine Linie«) zubereiten lässt, sodass Sie fürchten müssen, dass das Frühstücksrestaurant in der Zwischenzeit schließen wird, der Mann, der aus unerfindlichen Gründen nach der Landung in Havanna als Erster von seinem Flugzeugsitz aufspringt, Ihnen seine Duty-free-Tüte, in der zwei am Frankfurter Flughafen erworbene Flaschen Rum stecken, an den Kopf haut, obwohl der Flieger noch rollt, und der wahrscheinlich genau wie alle anderen doch erst dann aus der Maschine steigen wird, wenn die Türen geöffnet werden, die Familie, die Sie den ganzen Tag nicht am Hotelpool treffen werden, obwohl fünf Liegen mit Handtüchern und Kinderspielzeug belegt sind – die gibt es. Alle. Auch *die* verreisen.

KAPITEL 1

MUTTER FÜR EIN PAAR STUNDEN

Es regnete. Nein, es goss. Und ein Blick aus dem Fenster in den Hamburger Himmel verriet mir: Das wird sich so schnell auch nicht ändern.

Ich wusste sofort: Es wird ein guter Tag. Regen ist gut für das Geschäft. Lang anhaltender, strömender Regen ist hervorragend für das Geschäft. Mein Geschäft.

Mein geliebter Last-Minute-Schalter befindet sich am Flughafen Hamburg. In Hamburg regnet es oft, wobei ich finde, es könnte ruhig noch ein wenig häufiger regnen. Wie gut ich die Norddeutschen verstehen kann, wenn sie mit durchnässter Kleidung an meinem Schalter stehen und den sehnlichen Wunsch nach Sonne äußern. Nach Wärme, einem Swimmingpool oder Strand, gern garniert mit Halbpension oder AI. Sie wissen schon, *all inclusive*. Schon ein Foto mit Palmen zaubert ein Lächeln auf die blassen Gesichtszüge der Deutschen. In Hamburg sind sie besonders blass.

Vorfreude ist die schönste, heißt es. Ich versuche Vorfreude in Glück umzuwandeln. Jeden Tag aufs Neue.

Und bei diesem Regen wird es viele Menschen mit Vorfreude geben, die vor meinem Schalter stehen werden, dachte ich, als ich mein 5 Quadratmeter großes Büro direkt hinter dem Schalter aufschloss. Das Geschäft an dem Tag lief gut. Alles wie immer. Jeder Tag ist ein guter Tag an meinem Schalter. Pauschalreisen in die Türkei, auf die Kanaren, fünf »Nur-Flug-Tickets« nach Cancún in Mexiko an eine Familie, deren Kinder erst im kommenden Jahr an Schulferien gebunden sein werden – die Zugfahrt nach Düsseldorf und einen Mietwagen vor Ort konnte ich noch dazuverkaufen. Sie mussten am kommenden Morgen bereits aufbrechen.

So ist das damals noch gewesen, das Geschäft mit kurzfristigen Reiseschnäppchen: Je schneller es losging, desto günstiger der Preis. Profis kamen oft mit gepackten Koffern zum Flughafen. Das ist für mich *last minute* in Reinkultur.

Reinkultur auch, was an diesem Tag so gegen 16 Uhr seinen Lauf nehmen sollte. Der Regen hatte noch immer nicht aufgehört. Der Weg vom Parkplatz ins Flughafengebäude reichte aus, um auch die bestsitzende Frisur in einen Trümmerhaufen zu verwandeln. Mein Schalter war damals im alten Charterterminal 1 des Hamburger Flughafens perfekt gelegen. Der Terminal war hässlich, mein Schalter schon immer schön. Gelegen direkt am Eingang.

Doch was war *das*?

Eine vierköpfige Familie ging triefend erst einmal an allen Schaltern vorbei. Ihre Taktik schien wie bei einem Flohmarktbummel: Das größte Schnäppchen lauert beim letzten Anbieter, kurz bevor zusammengepackt wird. Deshalb packe ich immer als Letzte …

Ich bediente gerade andere Kunden, sonst hätte ich sie gleich abgefangen. Doch so zogen sie von einem Last-Minute-Schalter zum nächsten. Die Reiseanbieter saßen wie die Hühner auf der Stange. Hinter ihnen die damals noch mit Edding angeschriebenen Angebote. Menorca, 3***, ÜF, ab 499,–; Phuket, nur Flug, ab 899,–. Der Preis immer ganz groß, von wo es losging und wie lange die Reise dauern würde zweitrangig. Das spielt ja auch eine geringe Rolle, solange der Name des Reiseziels nach Traumurlaub, der Preis nach Schnäppchen klingt und die Aussicht auf Sonne die Menschen sehnsüchtig macht.

Die Familie war nur noch zwei Schalter entfernt. Der ältere Sohn sichtbar genervt und mit dem Capri-Eis in der Hand nicht mehr ruhigzustellen. Der Vater sichtbar genervt, weil er inzwischen seit 20 Minuten einen Maxi-Cosi-Babysitz durch den Terminal schleppen musste. Die Mutter sichtbar genervt, bislang nicht das entdeckt zu haben, was ihnen vorschwebte. Jetzt scannten sie die Reiseangebote der Konkurrenz am Nachbarschalter ab. Ich kannte deren Angebote besser als die Mitarbeiter hinterm Schalter und wusste, dass ich die Familie nicht an die Nachbarn verlieren würde. Als sie in Rufweite noch am Nachbarschalter stehen blieben, hauchte ich ihnen mein bestes »Hallo« entgegen. Der Vater nickte kurz herüber, das Baby war gerade eingeschlafen. Der Junge, der zwischen Vater und Mutter nach wie vor etwas genervt auf seinem Eisstiel kaute, war vielleicht fünf oder sechs Jahre alt. Trotz der Hatz schaute er sich neugierig um. Die Atmosphäre des Flughafens, die vielen Koffer, Menschen in Uniformen, Lautsprecherdurchsagen und natürlich die Nähe zu den startenden und landenden Flugzeugen, nimmt viele Menschen gefangen, Kinder lieben diesen Ort. Ich auch.

Der Vater nahm seine Frau an die kindersitzfreie Hand und zog sie in meine Richtung. Ich hatte das Gefühl: Endlich lächelte er einmal.

»Ich hätte vorher sagen können, dass Sie da nichts finden werden!«, begrüßte ich die Reisegruppe in spe. Seine spontane Antwort überraschte mich.

»Wir haben heute Morgen zueinander gesagt: Entweder kaufen wir uns heute bei Ikea ein neues Bett oder wir fahren in den Urlaub«, sagte er und dabei schaute er auf meine Angebote, die ich hinter mir an der Schalterrückwand angebracht hatte.

»Die erste Idee ist ja nun wirklich schlecht!«, sagte ich. »Investieren Sie lieber in Erlebnisse, nicht in Gegenstände.« Vater und Mutter lächelten, der Junge schwieg. Ich wusste, jetzt musste es schnell gehen. Nicht lange um den heißen Brei herumreden, nicht theoretisch über eine Reise sprechen, ohne etwas darüber zu wissen. Für viele meiner Kolleginnen und Kollegen ist es wichtig zu wissen, wohin die Reise gehen soll. Mir ist es wichtig, den Menschen Träume aufzuzeigen. Sie müssen sich im Geiste bereits am Pool, am Strand, mit dem Drink in der Hand an der Hotelbar sehen. Es musste ein Ziel auf den Tisch, und das möglichst schnell.

»Vielleicht Ibiza«, sagte die Frau.

»Vielleicht Italien«, sagte der Vater.

»Ne, Griechenland«, sagte ich und tippte dabei bereits auf der Tastatur, um die Angebote zu durchforsten. Ich wusste, ich musste nur noch eine Griechenlandreise verkaufen, dann wäre der Flieger voll. Nach Ibiza ging erst wieder fünf Tage später eine Maschine, zu viel Zeit, es sich anders zu überlegen. Und Italien? Vergiss Italien.

»Kreta, viereinhalb Sterne, Vollpension – wichtig, wegen der Kids«, las ich vor.

Die üblichen erwartungsfrohen Gesichter. Ich wusste, es ging nur um den Preis.

»Zehn Tage 499 Euro. Kaum zu glauben,« hängte ich etwas leiser an den Preis dran, sodass die Familie es aber noch gut hören konnte. »Wie alt ist der Große? Fünf, sechs? Das Baby ist ja eh umsonst … für den Großen gibts einen Superrabatt!«

Ich bin Perserin, Tochter eines Teppichhändlers. Ich bin nicht sicher, vielleicht haben Teppichhändler in Deutschland kein gutes Image, aber sie können verkaufen. Die Regeln sind weltweit die gleichen. Ein bisschen Ungläubigkeit über das eigene Angebot, ein erstauntes Kopfschütteln, ein Lächeln, dem Kunden das Gefühl geben, ein richtig gutes Geschäft ist zum Greifen nahe.

Von meinem Vater habe ich viel gelernt. Es brachte immer wieder Spaß, es anzuwenden. Ich tat nichts Schlechtes. Die Teppiche meines Vaters waren immer von guter Qualität, er verhalf Menschen zu Luxus, am Ende war der Preis immer fair. Für beide Seiten. Und diese Reise war den Preis ebenfalls wert. Sie war gerade vor wenigen Stunden drastisch im Preis heruntergesetzt worden, lag deutlich unter der Hälfte des Originalpreises, da sie für Menschen, die Planungssicherheit benötigen, einen entscheidenden Haken hatte: Die Maschine hob bereits in drei Stunden ab. Bis jetzt hatte ich nur Ziel und Preis genannt…

Hinten im Büro lagerte ich damals alle, wirklich alle Kataloge von allen Veranstaltern, die in Deutschland Reisen verkauften. Ich konnte immer den Originalkatalog der Originalreise des Originalveranstalters hervorholen. Dort gab es dann wunderschöne Bilder von den Hotels, von den Poolanlagen, immer aus günstiger Perspektive fotografiert, von den Stränden. Und: den Originalpreis schwarz auf weiß. Und dieses Viersternehotel auf Kreta war wirklich ein Schmuckstück. Klares Wasser, ein – für Kreta ungewöhnlich – von Kies- und Felsplateaus verschonter Sandstrand. Es sah auf diesen Fotos aus wie in der Karibik.

»Das sieht ja aus wie in der Karibik«, sagte die Frau zu ihrem Mann, dabei schlug sie die Augen auf.

Bis hierher hatte das Gespräch nur wenige Minuten gedauert – und dann tat ich überrascht über etwas, was ich natürlich seit dem frühen Morgen wusste und was für eine Familie mit zwei Kindern eigentlich einen Traumurlaub zum No-Go macht.

»Oh.«

Spannung lag in der Luft. »Ah, ein Haken oder warum ›Oh‹?«, fragte die Frau.

»Der Flug, er geht schon heute Abend um 19 Uhr.«

Der Mann sah auf seine Uhr, dafür hängte er den Maxi-Cosi von einem Arm auf den anderen.

»Das ist ja schon in … nicht einmal drei Stunden! Wie lange vorher müssen wir am Schalter sein?«

»Es heißt immer, 120 Minuten, aber die Schlange am

Check-in muss ja erst einmal abgearbeitet werden. Da reichen also auch 90 Minuten. Umsonst ist das eben nicht, so ein Schnäppchen! Sie sehen doch, was die Reise eigentlich kosten sollte …«, erwiderte ich und blockte schon einmal die Reise, damit sie mir nicht von einem anderen L'tur-Büro weggeschnappt werden konnte.

»Aber mal ehrlich, wie sollen wir das machen?«, die Frau war jetzt aufgeregt, der Mann wollte noch immer souverän wirken. Den Karibikstrand zum Greifen nahe, außerdem hatte er die Poolbar auf dem Foto gesehen. Ich hatte es am Hochziehen der Augenbrauen bemerkt, als er den Katalog mit dem Foto in die Hand genommen hatte.

»So weit von hier wohnen wir ja nun auch nicht«, sagte er eher zu sich selbst.

Ich weiß bis heute nicht wieso, manchmal ist es diese Eigenart, unbedingt etwas verkaufen zu wollen, woran sich unzählige Kolleginnen und Kollegen die Zähne ausbeißen, aber meine Zunge war schneller als mein Verstand und so bot ich eher im Scherz etwas an, was eigentlich vollkommen absurd war. Es fehlte halt nicht viel, die Familie war mir unglaublich sympathisch, die Reise auf der einen Seite ein Schnäppchen, auf der anderen Seite so kurz vor Abflug fast unverkäuflich. Ich gönnte ihnen diese Reise, ich wusste, sie würde ihnen gefallen. Ich gönnte mir den Erfolg.

»Das Baby schläft doch. Wenn Sie möchten, dann lassen Sie den Maxi-Cosi mit Ihrem Baby hier bei mir. Im Backoffice.« Ich deutete auf die schmale Tür hinter meiner Verkaufswand. »Da ist es ruhig, es wird bei mir gut weiterschlafen und Sie sind in einer Dreiviertelstunde wieder hier.«

Das Gefühl ist schwer zu beschreiben, wenn man als Antwort erwartet: »Sie glauben doch nicht, dass wir unser Baby bei einer Fremden parken würden, so nett Sie auch scheinen!«, und als wirkliche Antwort bekommt: »Das würden Sie für uns tun?«

Und »Das würden Sie für uns tun?« war exakt das, was beide unisono zu mir sagten, und dabei stellte der Mann das Baby bereits auf dem Verkaufstresen ab.

Mein Vater hatte einmal zu mir gesagt: »So sehr dich ein Kunde auch schockiert, nimm ihn immer ernst!« Mir war mulmig zumute, aber ich lächelte und zeigte auf die Uhr.

»Jetzt aber schnell. Um 19 Uhr geht der Flieger, ich bereite alles vor, stelle die Tickets aus, nur bezahlen müsstet ihr gleich. Bar oder EC.« Ich hatte ja eigentlich ein gutes Pfand bei mir auf dem Tresen stehen, aber Kunden brauchen Gleichbehandlung. Sie zahlten hektisch und ich motivierte sie, sich zu beeilen, indem ich mein herzlichstes Lächeln aufsetzte. Die um ein Mitglied dezimierte Familie ging mit schnellem Schritt zurück in den Regen.

Den Maxi-Cosi mit dem Kind stellte ich in mein Backoffice. Zwischen Kataloge von TUI, Neckermann und Co., aufblasbare L'tur-Palmen, ratternde Ticketdrucker und den sanft surrenden Kühlschrank, in dem ich immer ein wenig Champagner für besondere Buchungen kalt stellte. Ich schaute das Baby an – und stellte es unter meinen kleinen Schreibtisch. Andere Möglichkeiten hatte ich nicht, hier wurden Reisen verkauft, es war keine Krippe.

»Du wirst heute noch nach Kreta reisen«, flüsterte ich, das Kind lächelte nicht und ich ging zurück hinter mei-

nen Tresen. Für 20 Uhr 30 gab
es noch ein paar Plätze in der
Maschine nach Monastir, Tunesien,
die galt es noch zu verkaufen.

Es war gegen 18 Uhr 15, ich war gerade
dabei, einen jungen Mann davon zu überzeugen, dass das
Hotel am Ballermann besser ist als sein Ruf, als der Vater, die Mutter und der Sohn durch die Halle auf mich zu-
stürmten. Sie strich sich kurz durch die Haare, der Mann
strich das Wasser von seinem Mantel, *Den werden Sie nicht
brauchen!*, dachte ich, sagte es aber nicht, und stellte einen
großen Erwachsenenkoffer neben sich. Der Junge durfte seinen Kindertrolli selbst ziehen. Sie wirkten abgehetzt,
aufgeregt und angespannt glücklich. Die Tickets hatte ich
bereits zusammen mit Kofferanhängern, Aufklebern und
einer kleinen Tüte Weingummi in Palmenform unter meinem Verkaufstresen in einem Umschlag parat gelegt. Doppelt kontrolliert, sauber eingetütet in das pinkfarbene Papier. Ich bat den jungen Mann, der eigentlich gerade an der
Reihe war, um Entschuldigung, schob ihm noch einmal den
Katalog mit dem Zweisternehotel auf Mallorca unter die
Nase, direkt an der Schinkenstraße. »289 Mark«, fügte ich
noch schnell hinzu. »Kein Luxus, aber guck mal nach drau-
ßen, da ist das Wetter gut. Was willst du mehr?«

»Kommen Sie doch mal kurz vor, Sie müssen sich beeilen, da drüben ist der Check-in-Schalter und keine Schlange mehr. Die machen gleich dicht!« Die Familie wirkte ge-
hetzt. Natürlich wohnten sie *nicht* gleich um die Ecke, das
Packen hatte länger gedauert. Sie mussten sich wirklich

beeilen. Der Vater hatte zu viel zu schleppen und seine Frau den Großen auf dem Arm. Die Tickets musste ich ihm in die Tasche seines Trenchcoats stecken. »Den werden Sie nicht brauchen!«, sagte ich jetzt doch, wie zum Beleg des guten Geschäfts, das er gemacht hatte. Aber er hörte kaum noch zu, lief geradewegs auf den Kreta-Schalter zu. Die Familie stand am Check-in-Schalter, sie hatte es geschafft. Vor ihnen noch ein paar Typen, die bestimmt zum Tauchen nach Kreta wollten. Und dann waren sie an der Reihe. Gerade so geschafft!

Das war einer dieser Momente, die ich so liebe. Da war eine Familie, die sich auf mich verlassen hatte. Sie würden einen schönen Urlaub erleben, da war ich mir sicher.

Noch immer stand der junge Mann an meinem Schalter und haderte mit der Mallorca-Reise.

»Magst du auch das Doppelte ausgeben? 600 Mark?«

Der Mann überlegte.

»Ibiza, San Antonio. Da ist die Hölle los und das Hotel liegt ein bisschen ruhiger, nach hinten versetzt.« Schnell zeigte ich ihm die Bilder. Ein einfacher Pool, ein paar Palmen und ein etwa fünfstöckiges Gebäude im Hintergrund. »14 Tage«, ergänzte ich. Und als ich noch immer kein Lächeln auf dem Gesicht des Mannes entdecken konnte, ergänzte ich: »Halbpension, direkt am Strand und abends, mein Bester, geht es richtig ab.«

Mein Beruf besteht aus sehr viel Psychologie. Die richtigen Worte am richtigen Platz, die Zahlen, nett eingestreut zu all den Urlaubsbildern, sind nur ein Teil des Handwerks. Viel wichtiger ist die Einordnung der Kunden. Was ist das für ein Typ? Ist er modisch gekleidet? Könnte er Single sein, auf der Suche nach der Frau fürs Leben oder lieber einem Urlaubsflirt? Oder will er einfach nur Sex?

Dieser junge Mann machte es mir schwer. Er wirkte wie ein Sportler, der gerade ein wichtiges Spiel verloren hatte. Ein bisschen bedröppelt, mit brauner Trainingsjacke und Baseballcap. Ich würde ihn fragen müssen, wie er sich seinen Traumurlaub vorstellte. Er sollte ehrlich sein, wir waren ja schließlich unter uns. Ich durchstöberte noch einmal meine ausgedruckten Angebote und die Kataloge, die ich auf meiner Ablage unter dem Schalter sortiert hatte, und versuchte uns zu einem Team zu machen. Das ist immer eine Strategie, die gut funktioniert.

»So, mein Schatz«, sagte ich, »ich glaube, ich habe hier das Richtige für dich.« Hinter ihm stand bereits ein weiteres junges Paar, das interessiert zuhörte. »Ibiza, San Antonio?«, sagte die junge Frau halb zu ihrem Freund, halb zu mir.

»Zeigen Sie mal.« Jetzt standen sie bereits zu dritt an meinem Schalter. Gleich würden sie sich überbieten. Das Bild vom Hotel und dem Strand wurde herumgereicht. Und am Ende – fuhren sie alle drei. Nicht zusammen, aber immerhin in dasselbe Hotel. Vielleicht würden sie sich dort wiedertreffen, zusammen eine Sangria trinken. Der junge Mann, dieser hellhäutige Sportlertyp, bestimmt mit Sonnenbrand.

Ich kassierte, stellte die Tickets aus, wechselte die Angebote an der Rückwand meines Schalters. Eine Handvoll Kunden galt es zu beraten, Tunesien wollte und wollte keinen Reisenden finden, ein Stammkunde, der regelmäßig kam, aber nach meinem Geschmack viel zu unregelmäßig

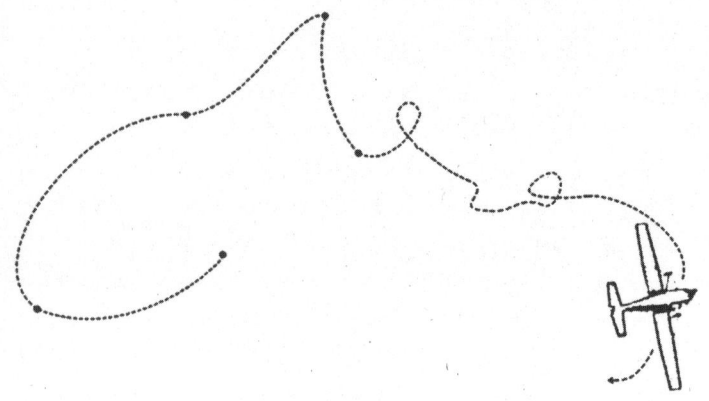

buchte, schwatzte mit mir über seinen viel zu langweiligen Job und wie spannend er doch alles finde, was ich am Flughafen machte, im Computer sah ich, dass eine andere Filiale tatsächlich eines der Monastir-Tickets verkauft hatte, was mich ein wenig ärgerte, was sich jedoch legte, nachdem ich eine Malediven-Reise, die zwei Tage später von Basel aus startete, verkauft hatte. Ich drehte mich auf meinem Stuhl nach hinten, strich Kreta und Monastir von der Liste und unterstrich noch den Preis bei dem unschlagbaren Angebot für das Fünfsternehotel in der Dominikanischen Republik – als ich es hörte.

Erst ganz leise, dann ein bisschen lauter. Es klang wie Babygewimmer. Es *war* Babygewimmer. Des Babys der Familie, die inzwischen in der Luft war!

Ich hatte es vollkommen vergessen. Ich meine, ich habe keine Kinder, dass ich es vergessen hatte, war vielleicht dämlich, aber legitim. Aber die Familie? Wie war das möglich?

Das Wimmern des Babys wuchs bereits zu einer Art Demonstration an, als ich, den Maxi-Cosi schaukelnd, überlegte, was zu tun sei. Die Maschine nach Kreta war seit ungefähr 35 Minuten in der Luft. Vielleicht über Magdeburg. Ich versuchte, pragmatisch zu bleiben. Fühlte aber auch ein leichtes Gefühl aufkommender Panik. Ich rief die Bundespolizei am Flughafen an. Man kennt sich ja irgendwie am Flughafen. Man kennt *mich* irgendwie am Flughafen. Der Beamte muss an meiner Stimme sehr schnell bemerkt haben, dass die Geschichte wirklich stimmte. Er versuchte einen kurzen Witz vom Schlag »Mensch Maryam, dein Baby ist doch dein Schalter!«, stellte aber aufgrund meiner leicht hysterischen Reaktion keine Fragen, die ich ohnehin nicht hätte beantworten können. Dass eine Familie wirklich ihr drei Monate altes Baby an meinem Schalter vergessen hatte ... drei Monate, das wusste ich, ich hatte ja schließlich ein Ticket für das Kleine ausgestellt. Aber warum hatte niemand das zusätzliche Ticket am Check-in oder beim Boarding bemerkt? Ich meine: weder die Eltern noch das Personal?

Die Bundespolizei nahm Kontakt auf mit dem Handling-Agent des Hamburger Flughafens, kurz erklärt: die im Grunde am schnellsten greifbare Person, die in der Lage ist, über die Fluggesellschaft Kontakt direkt mit einer Maschine aufzunehmen. Und das muss schon triftige Gründe haben.

Aber mal ehrlich: Im Büro des Agenten, neben zwei Bundespolizisten, saß auf meinem Schoß ein wirklich triftiger Grund und schrie vor sich hin. Ich kannte dieses spezielle Gefühl von mütterlicher Überforderung bis dahin eigentlich nur aus der Schilderung anderer.

Was nach dem Anruf in dem Flugzeug passierte, ist mir später übermittelt worden. Es war so:

Der Agent hatte zusammen mit der Bundespolizei Kontakt zu dem Flugkapitän aufgenommen, der ebenso verblüfft nachfragte, ob die Geschichte wirklich stimme. Dann ließ er die Familie zu sich ins Cockpit kommen. Das ging damals noch problemlos. Ich kann nur wiedergeben, was dann für ein Gespräch stattgefunden haben soll:

»Und, gefällt Ihnen der Flug bis jetzt?«, fragte der Pilot.

Die beiden hatten sich nach dem Erreichen der Reiseflughöhe erst einmal jeder einen Piccolo gegönnt und die Gläschen mit ins Cockpit genommen. »Oh ja, sehr gut.« Den Sektgeschmack hatten sie noch auf der Zunge.

»Und fehlt Ihnen irgendetwas?«

»Nein, alles bestens.«

»Ja, alle dabei?«

Die Reaktion der Mutter war etwas, was nicht in ein Flugzeugcockpit gehört. Sie flippte vollkommen aus. Es folgten diese Sätze, die man aus Zeitungsartikeln und Filmen kennt: »Bewahren Sie bitte Ruhe«, »Es gibt hier nichts zu sehen«, »Wir haben alles im Griff«. Meistens kommen diese Sätze, wenn keines der drei Dinge stimmt.

Aber damals, als Cockpittüren noch offen standen, ließ man die Frau ihre Gefühle ausleben und machte ihr klar, dass man nicht einfach so umkehren könne. Fast die Hälfte des 3-Stunden-20-Fluges von Hamburg nach Kreta war vergangen. Der Ausbruch der Mutter ging in ein Schluchzen über, entleerte sich in purer Verzweiflung und Beschimpfungen gegenüber ihrem Mann. Der aber immerhin noch in der Lage war, dem Piloten eine Telefonnummer der Oma des Babys zu geben, mit der Bitte, diese zu kontaktieren, um das kleine Menschenkind abzuholen.

Glücklicherweise wurde die Oma sofort erreicht und holte das Baby bei mir ab, die Milchflasche in ihrer Hand zeigte, dass sie nicht zum ersten Mal die Babysitterin des Kleinen war. Sie konnte es sehr schnell und sehr liebevoll beruhigen. So einfach war das also. Oma müsste man sein.

Und sie hatte bereits mit ihrer Tochter auf Kreta sprechen können, direkt nach der Landung. Und da war wieder so ein Moment, bei dem ich ins Spiel kam. Während sich Bundespolizisten und die Oma weinend in den Armen lagen, tat ich das, was ich am besten konnte: Ich buchte einen Flug für eine Mutter von zwei Kindern von Kreta nach Hamburg. Gleich am kommenden Morgen. Und dann noch einmal zurück nach Kreta. Mutter und Säugling. Darf ich sagen, dass ich mich, als alles geklärt war, so ein wenig als Gewinnerin des Tages fühlte? Eine teilweise etwas hysterische. Aber Gewinner ist Gewinner.

Am nächsten Mittag sah ich, wie die Frau erneut eincheckte. Wie sie das fünfte Ticket für eine Reise für vier Personen über den Schalter reichte. Fest an sich gedrückt den Maxi-Cosi, mit einem Baby darin, das ich in den wenigen Stunden auch von seiner wütenden Seite kennengelernt hatte. Ich finde, das Baby hatte ein Anrecht auf Wut. Und die Familie ein Anrecht auf eine schöne Kreta-Reise.

KAPITEL 2

ALLES INKLUSIVE

Zwei Herren in den späten Zwanzigern schlawenzelten schon eine ganze Weile von Schalter zu Schalter in der Halle herum. *Je mehr ihr auf die Angebote bei den anderen guckt, desto mehr werdet ihr bei mir hängen bleiben,* dachte ich. Ich hatte morgens kurz bei den wichtigsten Konkurrenten gecheckt, was sie heute feilboten, und für mich beschlossen, dass die links von mir wohl noch nicht begriffen hatten, dass man Mitte November ein wenig mehr im Angebot haben sollte als Lamezia Terme, Warna oder, na klar: Mallorca.

»Biete den Kunden, was sie selbst nicht haben«, hat mein Vater oft gesagt, »sie werden dich belohnen mit dem, was du von ihnen haben willst!« Warmes für Bares, sozusagen. Oder auch: Sonne, Strand und Meer reichen halt nicht immer, wenn das Ganze bei spätherbstlichen 12 Grad in Warna stattfindet. Namen wie Bali (Novemberdurchschnitt 31 Grad, Wasser 28), Ko Samui (30 und 27) und Guadeloupe (30 und 27) entfachen schlicht eine andere Wirkung, wenn man es warm haben will. Und natürlich bereit ist, ein wenig mehr auszugeben. Was nicht jeder kann und mancher, der es kann, nicht will.

Die Schnäppchenmentalität, ohne die die Branche der Last-Minute-Reiseanbieter gar nicht erst geboren worden wäre, braucht auch unter solchen Fern- und Traumreisedestinationen etwas günstigere Ziele. So kam es in den 80er- und 90er-Jahren zu einem Boom, der einem wunderschönen Inselstaat mit dem klangvollen Namen República Dominicana irgendwann den Stempel »Domrep« aufgedrückt hat. Wie »Malle« oder »Fuerte«. Ich kenne Menschen, die sagen, dass die Respektlosigkeit von Touristen in der Fremde schon durch die Abkürzung oder Verniedlichung ihres Reiseziels beim Buchungsprozess beginnt. Aber so weit würde ich nicht gehen. War es hier nicht vor ein paar Jahren auch auf einmal lustig, »Schland« zu sagen?

Als wäre ein verhältnismäßig günstiges Fernreiseziel nicht schon Anreiz genug, ging es weltweit, und besonders in einem Land wie der Dominikanischen Republik, schnell darum, den nächsten Wunsch der Schnäppchenjäger und -sammler zu befriedigen. »All inclusive« heißt das dann im Englischen. Alles inklusive. Und für uns »Domrep«-Sager: »all-inc«. Für den Reisenden, dessen Budget eigentlich nicht ausgelegt ist auf Indischen Ozean oder Karibik, macht es die Reise planbarer in ihren Gesamtkosten. Wenn ich in Deutschland im Reisebüro das Gefühl habe, dass außer den 1280 Euro keine weiteren Kosten anfallen werden, dann kann man sagen, das sei blauäugig – oder eben *all inc.*

Warum ich das erzähle? Weil die beiden Endzwanziger an dieser Stelle ins Spiel kommen. Weil sie nämlich an meinem Schalter angelangt waren. Seltsamerweise, das hörte ich ihnen schnell an, während sie sich über meine Angebote unterhielten, handelte es sich um Bayern, blässliche Bayern, die im Hamburger Spätherbst auf Schnäppchenjagd waren. Und die in die Wärme wollten. Das hörte man auch. Dass ihr Budget kalkulierbar sein sollte: klar. »Sagen Sie, auf Kuba sind doch die Nebenkosten überschaubar, oder? Oder haben Sie das auch AI?«

(Ich hätte das eben erklären müssen: Wenn einem die Abkürzung »all inc« für »all inclusive« zu lang ist, kann man natürlich auch »AI« sagen.) »Ne, leider nicht, aber was sucht ihr denn eigentlich?« (Ich weiß, es gibt Menschen, die mögen meine burschikose Art des Duzens nicht, aber die beiden? Kein Problem.) Ich verzichte hier darauf zu imitieren, wie sich dieses Gespräch zwischen zwei Bayern und einer Hamburgerin mit persischen Wurzeln angehört haben muss, denn ich weiß, dass man die Augen verdreht, wenn jemand versucht, einen Dialekt nachzumachen, der das so gar nicht beherrscht. Für mich bekam das Verkaufsgespräch dadurch aber gleich einen unterhaltsamen Charakter.

Es stellte sich heraus, dass die beiden einen gemeinsamen Geschäftstermin in Hamburg gehabt, vor ihrem Rückflug nach München noch ein wenig Zeit hatten und auf die glorreiche Idee gekommen waren, gemeinsam die Sau rauszulassen. Also urlaubstechnisch. An die Branche ihrer Geschäfte kann ich mich nicht erinnern, aber irgendetwas zwischen Facility- und Key-Account-Management wird es gewesen sein. Und da Flugzeuge, die zu Fernreisen aufbrechen, zum Großteil von Frankfurt oder München starten, musste ich den beiden gar nicht erst erklären, dass die Auswahl an Nonstop-Flügen (die sich deutlich von Direktflügen unterscheiden, denn wer einen Direktflug bucht, landet womöglich irgendwo zwischen, aber eben auf *direktem* Weg zum Ziel. Wollen Sie nicht zwischenlanden, achten Sie darauf, dass es ein *Nonstop*-Flug ist!) in die Karibik ab Frankfurt und München deutlich größer ist. Denn ab München hatte ich einiges Interessantes im System. »AI sollte es schon sein!«, beharrte der eine. »Kuba oder Domrep!«, fügte der andere hinzu. »Ab München!«, »Noch vor Weihnachten!« Ich hatte längst die Buchstaben POP (Flughafenkürzel von Puerto Plata, Dominikanische Republik) und PUJ für den zweiten großen Flughafen des Landes eingetippt. Punta Cana. Mir war nämlich schon am Morgen im System ein wirklich sehr gutes Angebot eines Viersternehauses einer renommierten spanischen Hotelkette, die in der Karibik sehr viele Häuser hat, ins Auge gesprungen. Es war nicht ganz verwunderlich, dass der Preis so gut war, da die Wochen *vor* Weihnachten wirkliche Schnäppchenwochen sein können. Viele Hotels sind relativ leer, bevor die Christmasseason losbricht und die Raten sich über (die Heilige) Nacht vervielfachen. Das ist übrigens ein Running Gag bei mir am Schalter und ich könnte ein eigenes Kapitel darüber schreiben, wenn Menschen der Unterart »Kunden« nicht verstehen, dass Menschen der Oberart »Weltbevölkerung« zu einem unfassbar großen Teil auf der Welt Weihnachten feiern und dass Menschen der Unterart »Reiseveranstalter« und Menschen der Unterart »Hotelier« genau das herausgefunden haben und nicht nur 1 und 1 zusammenzählen können, sondern auch noch 1000 und 1000. Wer Weihnachten und Silvester nicht Höchstpreise nimmt, ist kein guter Kaufmann. Aber für die Tage vor Weihnachten kann man wirklich gute Schnäppchen machen. Und wer die nicht anbietet, ist auch kein guter Kaufmann. Und dass ich zu diesem Hotelangebot nur noch einen passenden Flug ab München suchen musste, vereinfachte die Sache ungemein. »Ich habe hier ein Topviersternehotel in der Domrep. An einem der schönsten Strände, Playa Bávaro, das ist in der Nähe von Punta Cana.« Ich drehte den Computerbildschirm etwas nach vorn, damit die beiden Bayern die Fotos (schöne Fotos – Katalogfotos sind immer schön) sehen konnten. »Schaut gut aus!« (Denken Sie es sich bayerisch ausgesprochen!) »Hammer!« (Hörte sich für mich an wie eine Mischung aus Hummer, Oma und Eimer.) Ich korrigierte leicht: »Der Preis ist erst mal der Hammer! Kann ich euch sagen! Zwei Wochen im Viersternehotel, XXX Resort Hotel, Punta Cana, mit Direktflug ab München, 1480 D-Mark ...« (Mein letzter D-Mark-Monat, vier Wochen später trat der Euro in unser Leben.) »Ist das AI?«, wurde ich unterbrochen. »Lass mich doch mal ausreden ...«, erwiderte ich dem ersten Bayern, »sag mal, ist dein Kumpel immer so?«, fragte ich den zweiten – meine spezielle Art, wenn Menschen zusammen eine Reise machen wollen, beide einzubeziehen, da kann man verkaufstechnisch interessante Allianzen schmieden. »Na, passt schon, ist uns eben nur wichtig, dass da alles inklusive ist!«, sagte er und grinste mich an. »ALL INCLUSIVE!«, wiederholte Nummer zwei noch einmal und grinste mich ebenfalls an. »Ja, es ist *all inclusive*, wollte ich gerade sagen!«, sagte ich und grinste zurück. »*All inclusive?!*«, sagte Nummer eins noch einmal und zwinkerte mir zu. »Sag mal, sprech ich undeutlich? Wenn ichs doch sage. Da ist alles inklusive!« Der Rest ging schnell. Sie buchten die Reise und machten ein Schnäppchen. Tolles Hotel. Traumstrand. Spitzenpreis. Berechenbare Kosten. *All inclusive!* Alles inklusive. *All inc.* AI. Wie man es auch immer nennen mag.

Anfang Januar 2001 surrte mein Faxgerät am Schalter. Manchmal ist es schwierig, etwas in eigene Worte zu fassen, was man schon bei den Worten anderer kaum glauben kann. Deswegen habe ich mich entschlossen, dieses Schreiben hier Wort für Wort wiederzugeben. Wissen Sie, ich bekomme oft Dankesschreiben, wenn Kunden ihre Traumreise genossen haben oder ich ihnen etwas empfehlen konnte, das sie sonst vielleicht nicht gebucht hätten. Aber lesen Sie selbst:

Sehr geehrte Frau Komeyli,
wir hatten am 12.11.00 bei Ihnen die von XXX Reisen angebotene und durchgeführte Reise ins »XXX Resort Hotel« in Bávaro, Dominikanische Republik, vom 26.11. bis 10.12.2000 gebucht, Buchungsnummer xxxxxx, Kopie anbei. Es handelte sich um ein sogenanntes »All inclusive«-Arrangement.
　　Leider mussten wir vor Ort feststellen, dass längst nicht alle gewünschten Leistungen »all inclusive« waren! Für uns zwei ledige, junge Herren in den besten

Jahren gab es in der gesamten Hotelanlage nämlich leider keine attraktiven Sologirls, die allein reisten und die wir hätten kennenlernen können, damit sie uns für einen perfekten Urlaub »all inclusive« hätten zur Verfügung stehen können. Entweder waren die hübschen Mädels in unserem Alter alle »besetzt«, d. h., sie reisten mit Partner an, oder das Alterssegment alleinstehender Damen bewegte sich bei 50 Jahren und darüber – ein unzumutbarer Zustand!

Wir zeigten diesen gravierenden Reisemangel sofort bei dem örtlichen Reiseleiter, Herrn XXX, an, mit der Bitte, sofortige Abhilfe zu schaffen. Herr XXX stand unserem Problem völlig verständnislos gegenüber und konnte bzw. wollte uns nicht helfen. Er empfahl uns lediglich die örtliche Disco.

Insofern waren wir gezwungen, auf junge Damen außerhalb der Hotelanlage auszuweichen. Die Leistungen dieser Damen waren logischerweise nicht »all inclusive« und wir waren trotz großen Verhandlungsgeschicks gezwungen, jeweils 70 US-Dollar pro Mann und pro Nacht zu zahlen, was ein unerwartet großes Loch in unsere Reisekasse riss. Laut beigefügten Rechnungen können Sie erkennen, dass wir die Dienste dieser Damen an zwei Nächten in Anspruch genommen haben, sodass wir auf Kosten von 2 x 70 US-Dollar x zwei Nächte = 280 US-Dollar sitzengeblieben sind.

Wir bitten Sie deshalb, uns den Betrag von US-Dollar 280 per Verrechnungsscheck in DM zu erstatten und an meine oben genannte Adresse in XXX zu schicken. Da wir uns vor Ort trotz dieser fehlenden »All inclusive«-Leistung im Hotel anderweitig behelfen konnten, sehen wir von einer Schadensersatzforderung wegen entgangener Urlaubsfreuden ab.

Wir bitten um umgehende Antwort sowie eine zügige Abwicklung unseres Anliegens und verbleiben mit freundlichen Grüßen

XXX und XXX

Die beiden hatten sich übrigens wirklich eine Quittung von den örtlichen Prostituierten ausstellen lassen und diese mitgefaxt. Ich erspare Ihnen die Details.

KAPITEL 3

AM POSTSCHALTER

Zweiteilige Frage: 1. Was glauben Sie, seit wann Menschen in den April geschickt werden, was ja nur ein vornehmerer Ausdruck für »verarscht werden« ist?
2. Was glauben Sie, wo dieses In-den-April-Schicken seinen Ursprung hat? Und wenn Sie doch wissen, dass ich meine Wurzeln in Persien habe, würde es Sie wundern, wenn ich Ihnen sagen würde, dass der Ursprung des In-den-April-Schickens in einem Vorort von Teheran liegt? Tut mir leid, damit kann ich auch nicht dienen. Iraner verarschen sich sicher auch mal im Jahr und lachen sich diebisch ins Fäustchen, aber dazu brauchen sie nicht den 1. April.

Das Ganze geht schon eine ganze Weile so, man weiß nicht genau, wie lange, aber die Redewendung »Jemanden in den April schicken« wurde schon Sechzehnhundertschießmichtot erstmals erwähnt in Deutschland. Über Mitteleuropa ist diese Tradition dann irgendwann nach Nordamerika gelangt und womöglich nun auch längst im Iran angekommen, genau weiß ich das gar nicht.

Was ich noch weiß, ist, dass ich einmal als Vierzehn-jährige zu Hause ans Telefon ging und eine Frau am anderen Ende sagte, sie sei von der Deutschen Bundespost und dass sie wichtige Messungen durchführen müsse. Ich sagte, meine Eltern seien nicht zu Hause, und sie erwiderte, dass mache nichts, ich könne auch bei der Messung behilflich sein. O. K., sagte ich und die Frau am anderen Ende forderte mich auf, die Länge der Strippe zwischen unserem Telefon und der Dose in der Wand zu messen, und als sie meine Überforderung bemerkte, gab sie mir den Tipp, doch ein Lineal aus meiner Federtasche zu holen. Da ein schnurloses Telefon noch nicht in unserem Haushalt angekommen war, hatten wir eine lange Leitung, die, mit einem 15-cm-Lineal gemessen, einigen Stress in mir auslöste.

Eine lange Leitung hatte aber scheinbar auch ich, was mir bewusst wurde, als ich erschöpft »fünf Meter fünfzig« ins Telefon krächzte, als Antwort ein »April, April« hörte und meine Klassenkameradin Martha sich nicht mehr ein-kriegen wollte vor Lachen, dass ich tatsächlich mit einem Lineal die Strippenlänge unserer Telefonleitung gemessen hatte.

Besten Dank auch, Martha. Ich revanchierte mich übri-gens im Folgejahr damit, dass ich im Auftrag des Tierparks Hagenbeck bei ihr anrief und ihr auftrug, bitte Fenster und Türen zu schließen und sich unter den Esstisch zu legen, da drei Leoparden ausgebrochen seien, die zuletzt im Vorgar-ten ihres Mehrfamilienhauses gesichtet worden seien.

Wer, glauben Sie, hat mehr gelitten? Ich, ein Jahr zuvor, oder sie? Eben!

Warum ich das erzähle? Weil am 1. April 1990 das Größte In-den-April-Geschicke meines Lebens geschah.

Wenn ich von meinem ersten Schalter erzähle, ernte ich bei meinen Zuhörern meist eine Mischung aus Gelächter und Mitleid. Selbst meine besten und langjährigsten Stammkunden denken nämlich, mein erster Schalter sei der im alten Charterterminal 1 des Hamburger Flughafens gewesen (und wenn ich ehrlich bin, denke ich, auch Sie werden mich in diesem Buch dabei erwischen, dass ich von eben diesem als meinem ersten Schalter spreche). Weit gefehlt. Aber vergessen Sie bitte nicht, wir sprechen von einer Zeit, in der ich durch den Erdkundeunterricht einigen Ländern ihre Hauptstädte zuordnen konnte, aber dass La Palma zu den Kanaren gehört oder Menorca eine Baleareninsel ist – nie gehört.

Der 1. April 1990 war mein erster Tag in der allerersten L'tur-Last-Minute-Filiale in der Freien und bislang gut ohne Last-Minute-Reisen auskommenden Hansestadt Hamburg. Es wäre untertrieben zu sagen, dass die ein oder andere Jungfrau eher zu einem Kinde gekommen wäre, als ich zu diesem Job, aber in erster Linie ist klar: Ich hatte selbst schuld. Wenige Wochen zuvor hatte ich noch bei diesem Kleinanzeigenblatt gearbeitet und entweder Kleinanzeigen an Menschen verkauft, die wahlweise Hamsterkäfige, norwegische Strickpullis oder Bootlegs von »The Cure« (»Verk. A Hard Rain's A-Gonna Fall – The Cure. Live Konz. aus HH von 85. Grünes Vinyl, Top Qual. DM 35 VB«) oder sonst etwas anboten, oder Anzeigen an Großkunden, »JVC präsentiert den weltweit ersten VHS-C-Video-Camcorder!«, die ihre Produkte genauso, nur anders, an den Mann / die Frau bringen wollten. Online gab es damals noch nicht. Das Blatt wurde ausschließlich gedruckt verkauft. Daraus ergab sich der (verboten zu missbrauchende) Vorteil für mich, dass ich im Grunde auf alles Angebotene Erstzugriff hatte, bevor irgendein Leser die Chance bekam, den Strickpulli aus Norwegen zu ergattern. Mir gefiel einfach die hochwertige Anzeige. Vierfarbdruck (boah, müssen die Kohle haben!), Grundfarbe leuchtendes Pink, verziert mit Palmen und anderem Urlaubsgedöns. Ein leuchtend bunter Knaller unter all den vielen Fließtextanzeigen in Schwarz-Weiß. »Für unsere erste L'tur-Last-Minute-Filiale in Hamburg suchen wir ...« – *Maryam Komeyli!,* führte ich den Satz in Gedanken zu Ende, »eine Filialleiterin.«

Wissen Sie, mir ging es nie um Titel. Aber Filialleiterin für eine Firma, die ultracoole pinkfarbene Anzeigen schalten kann, das sprach mich dann doch an. Dumm für all die Hamburgerinnen und Hamburger, dass, Tage bevor sie eine Chance hatten, sich auf die Anzeige zu bewerben, *meine* Bewerbung schon in Baden-Baden in der Personalabteilung vorlag. Sogar noch mehr: mir schon eine Einladung zu einem persönlichen Treffen.

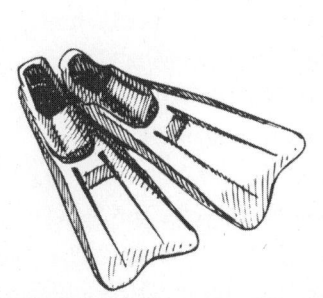 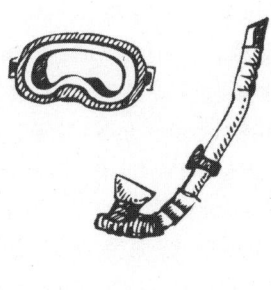

Kennen Sie Baden-Baden? Als jemand, der den Iran gut und Hamburg inzwischen sehr gut und der ansonsten nur die Wegstrecke zwischen Hamburg und dem Iran kannte, war Baden-Baden für mich wie eine Erlebnisreise. Vergessen Sie die wirklich seltsamen Grenzkontrollen zwischen Bulgarien und der Türkei, wenn Sie sie mit einem Vorstellungsgespräch in Baden-Baden vergleichen! In Baden-Baden *musste* ich als junge Deutschperserin mit Goldgeschmeide an Ohren und Hals und schrillem Outfit, gepaart mit den Informationen, die ich in meiner Bewerbung über das Verkaufen von Anzeigen angegeben hatte, einfach Erfolg haben. Mein Chef beim Anzeigenblatt war sich damals schon sicher, dass ich Eskimos auch Kühlschränke und dem Papst Kondome andrehen könnte, bevor die wüssten, wie ihnen geschieht.

Und so kam es, wie es kommen sollte. Maryam wurde Filialleiterin der ersten L'tur-Last-Minute-Reisen-Filiale in Hamburg. Zum 1. April 1990. Und wenn Sie jetzt glauben, dass man damals schon wusste, wohin die (Last-Minute-) Reise ging, weit gefehlt. Die ersten Filialen sollten nicht etwa an Flughäfen eröffnen, sondern dort, wo man sich große Kundenströme versprach. Marketingspezialisten dachten an Filialen in Tankstellen und bei der Post! Ja, wirklich! Die allererste Filiale in Hamburg eröffnete also mitten in der Hamburger Innenstadt, beste Lage, im Postamt am Gänsemarkt. Bevor Sie jetzt als Nicht-Hamburger googeln: Gänsemarkt ist wirklich 1 A. Bevor Sie es jetzt als Hamburger googeln: Das Postamt gibt es längst nicht mehr, aber selbst wenn es es noch gäbe, stellen Sie sich bitte neben 20 Postschaltern, an denen die Kunden Schlange standen, keinen L'tur-Schalter vor, der die unzähligen in der Schlange Wartenden zuhauf mit Schnäppchenreisen versorgte.

Mein erster, am 1. April 1990 bezogener Schalter war dort untergebracht, wo die Postgroßkunden der Gegend sehr früh morgens ihre Großkundenpostsäcke abholen ließen. Unilever, damals noch einen Steinwurf entfernt, holte da die gesamte Firmenpost ab. Das Lufthansa-Hamburg-Büro holte dort ironischerweise seine Post ab. Werbeagenturen, Verlage – sie alle holten dort morgens ihre Post ab. Das Ganze geschah zwischen 6 und 9 Uhr morgens. Blöd nur: Wie von der Zentrale vorgegeben öffnete ich meinen Schalter um Punkt 9! Kundenverkehr gleich null. Und mein Büro war eh sonderbar: Es bestand aus einem Raum, der von der Schalterhalle getrennt war durch eine Jalousie, die sogar elektrisch auf- und zuging. Seltsamerweise waren die Seiten des Büros zur Halle hin offen, sodass die Jalousie vorn eigentlich gar keinen Sinn ergab. In der großen Halle gab es einen sehr großen Schalter gegenüber von mir. Genau dort holten die Großkunden ihre Post ab. An dem Schalter saß Guli, einer der nettesten Menschen, die ich je kennengelernt habe. Wenn er um 9 Uhr seine Jalousie herunterfuhr, während meine hochratterte, guckte er zu mir hinüber und fragte: »Maryam, alles gut? Schon Kaffee gekocht?« Und machte Feierabend. Ich glaube, er verstand noch weniger als ich, was für ein Sinn dieses Verkaufsbüro für Reisen in dieser Großkundenschalterhalle hatte. Aber eine Tasse Kaffee hatte ich immer für ihn. Am liebsten würde ich sagen: für ihn und die vielen anderen, die zu mir strömten – aber die gab es schlichtweg nicht. Ab 9 Uhr war die Halle tot. Budget, Werbung zu schalten, gab es nicht. Das Einzige, was man mir zugestand, war ein Glaskasten im Treppenhaus des Postamtes, in den ich L'tur-Poster hängen durfte. Sexy, nicht wahr? Ich wusste, ich musste mir etwas einfallen lassen, um irgendwann einmal ein paar Reisen zu verkaufen.

Und so kamen mir zwei entscheidende Ideen: Diese große und ab 9 Uhr leere Halle lag im Hochparterre eines alt-ehrwürdigen Hamburger Backsteinpalais. Der Hamburger *wusste*, dass da irgendwo die Post saß, aber das war es auch schon. Trotzdem tobte jenseits der Postwände das Leben der Hamburger Innenstadtbestlage. Also öffnete ich das Fenster, setzte mich aufs Fensterbrett und schrie junge Leute auf der Straße an, dass ich hier oben hinter den dicken Mauern unglaubliche Reiseschnäppchen anzubieten hätte. Idee zwei: Nachdem Guli mir versichert hatte, dass vor meiner täglichen Jalousienhochfahrt das Leben in dieser Halle tobe, da die Firmen zwischen 6 und 9 Uhr ihre Post abholten, kam ich eben schon um 6 – und da war *wirklich* was los. Als mir darüber hinaus bewusst wurde, dass Post ja nur abgeholt werden kann, wenn sie bereits am Schalter sortiert vorlag, öffnete ich schon um 4 Uhr, um als Kundschaft auch noch *die* Postkollegen zu gewinnen, die die Post erst zum Großkundenschalter schafften.

Einer meiner ersten Kunden war ein Student, der gegenüber bei der Hamburger Lufthansa-Filiale jobbte und für die Kollegen dort allmorgendlich die Post abholte. Aufgrund seines Jobs kam er an ungemein günstige Flugtarife heran. Zum vollkommenen Glück aber fehlten ihm ungemein günstige Hoteltarife. Ob ich da was machen könne, er dachte an Cala Rajada. »Klar!«, sagte ich etwas zu überschwänglich erfreut, ohne zu wissen, wo er denn überhaupt hinwollte. Ich hatte zwar schon einen Computer als Hilfe, aber vergessen Sie nicht: kein Internet. Googeln war nicht. Wikipedia gabs noch nicht! Mein Computer kannte Flughafenkürzel, aber Cala Rajada hatte keines. Machen wir es kurz: Der Lufthansa-Student durchschaute mein Unwissen sofort. Und als ich merkte, dass er womöglich ein wichtiger Baustein in meinem neu erworbenen Aprilscherzberufsleben sein könnte, machte ich ihm instinktiv das Angebot, mein erster Angestellter zu werden. Aus einem Einmannbetrieb ohne Kunden wurde so ein Zweimannbetrieb ohne Kunden, aber er lehrte mich in den folgenden Wochen Basics, ohne die ich heute nicht wäre, was ich wurde. Dass Menorca und Mallorca zwar beides Balearen, aber dann doch *verschiedene* Inseln sind. Dass die Pityusen ein Teil der Balearen sind, aber eben nur aus Ibiza und Formentera bestehen. Dass man, um nach Formentera zu kommen, nach Ibiza fliegen muss, da die Insel keinen eigenen Flughafen hat. Dass es zwei verschiedene Schiffsverbindungen zwischen Ibiza und Formentera gibt: einen trödeligen Fischkutter und eine Schnellfähre. Und all dieses Wissen hatte er für so unglaublich viele verschiedene Reisedestinationen parat, dass ich sagen kann: Gut, dass wir so wenig Kunden hatten, denn so gab es viel Zeit, mich von ihm mit seinem Reisewissen füttern zu lassen. (Er ist heute übrigens ein namhafter Rechtsanwalt in Hamburg und ich hoffe, er weiß, wie sehr ich ihm danke, dass er mir all dieses Wissen einimpfte. Denn ohne ihn musste ich eine Hürde meistern, die fast schiefgegangen wäre: mein erstes wirkliches Verkaufsgespräch mit jemandem, der eben nicht wohlgesonnen als Lufthansastudent darauf aus war, mir zu helfen. Es war der Tag, an dem zwei junge Damen vor mir standen und ich zum ersten Mal begriff, dass es darauf ankommt, *wie* man verkauft, nicht *was*!)

KAPITEL 4

SARDINIEN ODER GALICIEN – HAUPTSACHE ITALIEN

Woher sie sich hier hereinverirrt hatten, wieso sie wussten, dass man bei mir in letzter Minute zu Schnäppchenpreisen günstig verreisen konnte? Das hätte mich brennend interessiert, wenn ich nicht so unfassbar aufgeregt gewesen wäre, dass da nun nach meinem ersten Kunden, der zu meinem ersten Mitarbeiter werden sollte, endlich zwei weitere echte Kunden vor mir standen. Leider war aber mein Lufthansa-Student ja nun gerade auf Mallorca, weswegen ich erst einmal nur vier Tage lang in den Genuss seiner Lehre gekommen war. Unsere erste Lektion war dann auch tatsächlich mit »Mallorca kennen und lieben« überschrieben, da er mir prognostizierte, dass es hier wohl die meiste Nachfrage geben würde.

Dass auch mein Jalousienbuddy Guli ein paar Postler beim Frühstück überredet hatte, ein wenig Interesse an meiner Jalousie zu heucheln, war selbst einer Anfängerin wie mir schnell aufgefallen. Deswegen dachte ich beim ersten Blick auf die beiden auch: *Vielleicht Töchter von einem Postler. Oder*

Freundinnen von einer Tochter von einem Postler. Die beiden Damen waren jung, sehr jung, ich auch, doch uns unterschied etwas Signifikantes, das im Verhältnis zwischen jemandem, der eine Reise *verkauft,* und jemandem, der eine Reise *kauft,* nicht unerheblich ist, was sich schon bald in meinem aufregenden ersten richtigen Verkaufsgespräch zeigen sollte.

»Na, ihr Süßen, was kann ich für euch tun?«

»Wir wollen gerne nach Sardinien!«, sagte die eine. Sie war vielleicht 18 Jahre alt, die andere ein bisschen älter. Die Ältere fügte hinzu:

»Wir haben letztes Jahr zwei total heiße Boys im Urlaub kennengelernt …« (Verdrehen Sie jetzt nicht vorschnell die Augen, die Achtziger waren ja nun gerade erst Geschichte! Holen Sie mal Fotos von 1990 von sich heraus! Ja, die mit der fiesen Frisur und den schrillen Klamotten: Das *waren* Sie! Und so haben Sie auch geredet! Genauso wie Sie zu Modern Talking getanzt haben. Ich kann schon verstehen, dass Sie davon nichts mehr wissen wollen.) »Ihr meint, ihr habt dort eure Freunde?« (Ich meinte eine Mischung aus Freunden im Sinne von »Freund« und Freunden im Sinne von »Lover«! Und das meinte ich im Sinne von: keine Lebensgefährten, aber vielleicht auf dem Weg dorthin. Irgendwann. Niemals!) »Unsere Boys, also Freunde, wohnen in Sardinien, also in Cagliari, und da wollen wir gerne wieder hin.«

»Also zwei Tickets«, fügte die andere hinzu, als hätte ich nicht richtig verstanden, als wüsste ich nicht, wo Cagli, Cagla, Caglu, was weiß ich, liegt. Weiß doch jeder … jeder? Ich gestehe Ihnen hiermit, dass ich in einer Mischung aus Aufregung und Unwissenheit schon wieder vergessen hatte, wohin die beiden eigentlich wollten, obwohl sie es doch gerade erst gesagt hatten. Also: Alle hier Anwesenden wussten, wohin die beiden wollten, nur leider ich nicht, in diesem Moment meiner noch jungen Karriere zumindest nicht. Aber wissen Sie was: Mir und damit den beiden jenseits meiner hochgelassenen Jalousie anwesenden ersten richtigen Kunden das einzugestehen, kam mir gar nicht in den Sinn. Ich gab also todesmutig das ein, was ich in Erinnerung behalten hatte. Der Ort war mir schon wieder entfallen. Aber zuerst hatte die eine doch von Santorin, Sansibar, na, jedenfalls von irgendetwas mit »SA« am Anfang geredet. Und auf das, was ich meinte zu erinnern, spuckte mein Computer anhand meines Getippes »Santiago de Compostela« aus. SA-ntiago, das war es doch! »Galicien. Nordspanien«, gab mein Computer noch als Info preis.

»Knallerpreis!«

»Wie viel?«

»Ist ein Schnäppchen, liegt bestimmt daran, dass es keinen Direktflug gibt, ihr müsst in Madrid umsteigen!«

»In Madrid? Wie crazy! Wie viel?«

»380 Mark pro Person … mit Iberia …«

»Das ist ja spitze! Wir haben letztes Jahr viel mehr bezahlt und mussten in Rom umsteigen!«

»Na, seht ihr!«

»Geil!«

»Dann buch ich das jetzt!«

»Klaro!«

Ich buchte sie sofort ein. Der Preis war bestimmt gut, wenn die das sagten, ich selbst hatte ja irgendwie noch keine

Vergleichsmöglichkeit, aber ich habe schon immer Geschäfte geliebt, die für beide Seiten gut sind. Leider ist das aber fast nur im Reisegeschäft möglich.

Und ich war ja dazu noch stolz wie Oskar. Ich hatte meine erste richtige Reise verkauft. Ach was, in meinem Elan sagte ich mir: »Ich habe meine ersten *zwei* Reisen verkauft.«

Wenige Stunden sonnte ich mich in meinem Erfolg, allein gelassen von nicht kommenden Kunden. Doch meine einzigen Kunden kamen dann doch schneller als erwartet wieder zurück. Alle beide.

»Unsere Boys, also unsere Freunde, die haben wir gerade angerufen, wann wir ankommen und wo, und nun suchen die den Flughafen und finden ihn nicht.« Die Ältere übernahm, genauso wie Stunden zuvor, sie waren ein eingespieltes Team.

»Den gibt es gar nicht, sagen unsere Freunde.«

(Kennen Sie das, wenn Sie die Leiter an die Regenrinne gestellt haben, um sie zu reinigen, und auf ihr merken, dass sie zu steil steht und beginnt, nach hinten zu kippen? Dieses Gefühl stellte sich in dieser Sekunde in meinem gesamten Körper ein! Aber zu diesem Zeitpunkt war ich mir noch keiner Schuld bewusst, ich verlagerte also mein Gewicht Richtung Regenrinne zurück.)

»Ach was …«, beruhigte ich sie und lächelte selbstbewusst. »Der Flughafen ist bestimmt neu, da müssen sie noch mal genau nachgucken.« (Ich glaubte das wirklich!)

Sie ließen sich zwar einigermaßen beruhigen, aber dann doch nicht abwimmeln, und ich konnte ja schlecht sagen:

»Der Nächste, bitte!«, denn den gab es ja nicht. Sie baten mich also, ihnen den Namen des Flughafens aufzuschreiben. Mich überkamen in diesem Moment dann doch selbst die ersten Zweifel, aber größer als der Zweifel war, dass ich wusste, ich konnte die Tickets nicht stornieren. Ich würde auf den zweimal 380 Mark sitzen bleiben. Mein erstes richtiges Geschäft wäre also ein Negativgeschäft. Ich ging im Kopf noch einmal durch, wohin die beiden gewollt hatten und wohin ich sie eingebucht hatte. Denn natürlich erinnerte ich mich daran, dass ich mir ja wegen ihres Reiseziels nicht so richtig sicher gewesen war bei der Eingabe …

Vielleicht hatte ich irgendetwas falsch gemacht. Aber vielleicht auch nicht! Und mit dieser Resthoffnung, dass sich alles aufklären würde, frage ich Sie, liebe Leser: Was hätten Sie an meiner Stelle getan? Eben! Ich versuchte zu retten, was zu retten war!

Einfach war es nicht, denn jetzt wollten die beiden, dass ich von meinem Schalter aus ihre Boys/Freunde/Lover anrufe und ihnen erzähle, dass es sich um einen neuen Flughafen handele. Wegen meiner Restchance, dass ich recht haben könnte, tat ich das sogar. Leider erzählte mir Franco am anderen Ende der Strippe, dass es auf Sardinien nur die Flughäfen Cagliari, Olbia und Alghero gebe. Es gebe noch ein paar private Flugplätze, Oristano heiße einer, Arbatax der andere, aber einer mit dem Namen Santiago de Compostela sei nicht dabei. Dummerweise ließ er sich auch nicht vom Gegenteil überzeugen. Dummerweise kam ich darauf, als er das Wort »Sardinien« aussprach, dass hier der Knackpunkt der Geschichte liegen könnte. Und an seinem ganzen

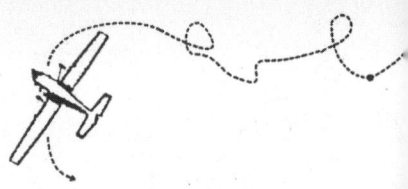

Gerede über die Flughäfen merkte ich: Der Mann war vorbereitet. So viele Jahre danach möchte ich eingestehen: im Gegensatz zu mir. Aber es kam noch schlimmer für mich.

»Es gibt nur einen Flughafen mit dem Namen Santiago de Compostela und der ist nicht in Italien, sondern in Galicien.« Und als ob das nicht alles schon schlimm genug wäre, fügte er noch hinzu: »Nordspanien.«

Ich sagte ihm, dass das nicht sein könne, lächelte die beiden jungen Hühner jenseits des Schalters verlegen, aber selbstbewusst an – sie konnten ihn ja nicht hören – und bat ihn um einen Moment Geduld.

»Was sagt er?«, fragte das jüngere Mädchen.

Ein verstohlener Blick auf meine Schreibtischunterlage, die berufsbedingt sinnvollerweise eine Landkarte darstellte, ließ mein inneres Grinsen endgültig gefrieren (mein äußeres blieb). Kein Zweifel: Der Karte konnte nicht einmal ich widersprechen.

»Ich rufe Sie zurück«, sagte ich zu der italienischen Geografieleuchte und legte mit dreifachem »Ciao!« beherzt auf.

Dann guckte ich den beiden Mädels tief in die Augen, sie übrigens auch sehr neugierig in meine, schließlich hatten sie ja nur meine Seite des Gesprächs mit diesem sardinischen Liebhaber mitgehört. Es ratterte in meinem Gehirn, wie sonst nur die Jalousien in diesem verdammten Postschalter beim Hochziehen ratterten. 21. 22. (Was sag ich denen jetzt? Dass Sardinien nicht in Nordspanien liegt, steht nun fest. Die sind jung und man kennt ja diese italienischen

Gigolos ... Es war eine Entscheidung im Bruchteil einer Sekunde. Ich wollte nicht lügen, aber noch weniger wollte ich eingestehen, dass ich bei meiner ersten Buchung den Fehler gemacht hatte, nicht richtig hinzuhören, wohin meine Kunden eigentlich wollten ...)

»Mal ganz ehrlich, Mädels, diese Jungs da haben gar keine Ahnung.«

»Warum?«

»Na, ihr habt ja gar nicht gehört, wie die reagiert haben. Das sind doch Bauern, bestenfalls Pizzabäcker, da muss man sich doch nichts vormachen. Die wissen nicht einmal, dass Santiago de Compostela nun wirklich nicht weit weg, sondern ganz in der Nähe ist, sozusagen gleich um die Ecke. Sollen sie euch doch von dort abholen. Ich meine, das tut man ja wohl für seine Mädchen.« Den letzten Satz sprach ich so in mich hinein, es sollte nach einer Selbstverständlichkeit klingen, sodass man es nicht noch extra erwähnen musste, von Frau zu Frau. Dass es nur diese paar Hundert Kilometer sind, betonte ich dann wieder laut und deutlich.

»Mit dem Auto ein Klacks.«

»Wie meinst du das?«, fragte die eine der beiden und auch die andere schaute mich interessiert an.

»Wenn eure italienischen Gigolos jetzt schon keinen Bock haben, diese paar Hundert Kilometer für euch zu fahren und ein bisschen Geld für euch auszugeben, dann weiß man doch, wohin das führen wird.«

Gut, ich gebe zu, es gab ein störendes Mittelmeer zwischen Sardinien und Santiago de Compostela und es sind auch eher 2000 statt 200 Kilometer, aber vielleicht war es auch tatsächlich besser, zwei so blutjunge Mädchen davor zu bewahren, ihren italienischen Ferienflirts ein Jahr später noch einmal auf den Leim zu gehen?!

»Stellt euch doch mal vor: Ihr beiden hübschen Mädchen, dazu auch noch blond, ihr steht da am Flughafen und der eine hat plötzlich keine Lust zu fahren oder jammert über die Benzinpreise. Und dann?«

Ich wartete die kleine Pause ab, die jetzt entstanden war.

»Und dann?«, fragte ich noch einmal dramatischer. »Dann steht ihr da mutterseelenallein und niemand kommt. Zu teuer, zu weit, eine Neue kennengelernt, was weiß ich. Diese Liebhaber sind doch erfinderisch.«

Beide guckten mich an, ich hatte das Gefühl, ihre Augen waren inzwischen größer geworden.

»Habt ihr denn eigentlich das Geld für einen Rückflug?« (Die beiden Wahnsinnigen hatten tatsächlich erst einmal nur *one-way* gebucht.) »Wo wollt ihr denn wohnen? Ein Hotel vor Ort buchen? Habt ihr im Lotto gewonnen? Wisst ihr, wie teuer Sardinien ist?« (Es war reiner Zufall, dass Sardinien nun wirklich nicht so günstig ist, was ich ja nicht wusste, ich hätte es bei jeder anderen Region genauso gesagt.)

Ich redete mich in Rage und verurteilte die Jungs dafür, dass sie diese beiden heißen Girls aus Deutschland nicht aus Santiago de Compostela abholen wollten, und plötzlich fing eine der beiden tatsächlich an zu weinen. An meinem Schalter. Meine ersten richtigen Kunden vergossen Tränen. Eine jedenfalls. Ich dachte damals wirklich, was ich dann aussprach – ich war jung, naiv, geografisch unwissend: »Vielleicht verkaufen sie euch auch an die Mafia.«

»Sardinien–Libyen, kein Thema.«

Jetzt fing auch die Ältere an zu schluchzen. Sie waren wirklich jung, vielleicht hatten die beiden ihre Italiener letztes Jahr kennengelernt, als sie noch in Begleitung ihrer Eltern unterwegs gewesen waren, vielleicht sollte dies die erste Reise sein, die sie allein unternehmen wollten.

»Was sollen wir denn jetzt bloß machen?«, fragten sie mich. Ausgerechnet mich.

»Ich würde jetzt erst recht nach Santiago de Compostela fliegen. Da gibt es auch schöne Männer«, lächelte ich und fügte hinzu: »Auch da haben die Mütter nicht versagt.«

»Aber wo liegt denn dieses Compostela? Das ist doch in Spanien und wir wollen ja nach Italien«, hakte die Ältere noch einmal nach.

»Das liegt direkt daneben, das habe ich euch doch schon erklärt.«

»Das stimmt, ich meine ja nur …«, sagte sie kleinlaut.

Ich zwinkerte dem jüngeren Mädchen zu, die sich die Tränen aus den Augen wischte.

»Ich mach euch einen Vorschlag: Ich buche jetzt ein schönes Hotel dazu. Das ist auch viel günstiger als auf Sardinien und dann werdet ihr einen wunderschönen Urlaub verbringen. Und das Beste daran: Ihr müsst eure Lover ja nicht vergessen, im Gegenteil, ihr könnt die Jungs testen. Wenn sie euch lieben, dann werden sie da schon hinkommen. Und ihr wisst dann, sie meinen es ernst.«

Und als die eine, die ihre Sinne und Gefühle schon wieder mehr unter Kontrolle hatte, tatsächlich sagte:

»Das stimmt«, klickte ich im selben Moment auf den Buchungsbutton für das einzige Hotel, das ich gerade dort im Angebot hatte. Und auf zwei Rückflüge.

Sie sind tatsächlich geflogen. Ich finde, ich habe ihnen einen Tipp fürs Leben gegeben und ihnen zu einem unbeschwerten, jungen Singleurlaub verholfen. Aber dieser Fehler hat auch mir eine Lektion für mein noch junges Berufsleben erteilt. Und diese Lektion ist deckungsgleich mit einem Ratschlag meines Vaters. »Wir machen alle Fehler. Fehler sind menschlich. Mach trotzdem keine!«

Mir war ein Riesenstein vom Herzen gefallen. Ich bat die beiden Mädels, einen Moment am Schalter zu warten, und lief schnell in den nächsten Shop, um ihnen eine Flasche Sekt zu kaufen. »Ich weiß, ihr tut das Richtige. Ihr werdet es nicht bereuen.«

Nach dem Urlaub kamen die beiden zurück zu mir an den Schalter. Ich mag es, wenn meine Kunden wiederkommen und berichten, wie es war. Über diese beiden habe ich mich besonders gefreut, denn es interessierte mich brennend, wie ihnen Santiago de Compostela gefallen hatte.

Sie hatten einen schönen Urlaub gehabt, ganz toll, perfekt sogar, »aber nach Sardinien war es schon weiter als zwei

Stunden, das hätte ich ja wohl gewusst ... Die Boys sind nicht gekommen ...«

Klar wusste ich das. Zumindest jetzt, nach ein paar Wochen Geografieunterricht. Denn mein Lufthansa-Mitarbeiter war inzwischen aus Mallorca zurückgekehrt und hatte mir verdeutlicht: Sardinien oder Galicien, Hauptsache, ich wüsste: Es handelte sich nicht nur um Italien.

KAPITEL 5

GESTRANDET

Ich war sieben Jahre alt, als ich aus dem Iran nach Deutschland kam. Wir waren zu fünft. Meine Mutter, mein Vater und meine beiden Schwestern. Eine weitere Schwester und ein Bruder wurden später in Deutschland geboren. Bis zu jenem Tag im Sommer 1969 waren aber wir die kleinen Prinzessinnen aus dem goldenen Käfig in Teheran. Wie andere Kinder auch spielten wir im Garten, an den Wochenenden ging es zu unseren Großeltern, wir hatten eine glückliche Kindheit. Von den Problemen in unserem Land, von der ersten großen Iran-Irak-Krise Ende der 60er-Jahre, bekamen wir Kinder nicht viel mit. Wir wuchsen mit den Problemen und der Unfreiheit dieser Jahre auf. Unsere Aussichten auf eine gute Bildung, ein Studium, eine Karriere waren minimal. Nur die reichen Familien konnten ihren Kindern eine Ausbildung finanzieren. Viele mittelständische Familien gingen in diesen Jahren unter und standen plötzlich vor dem Nichts. Es war ein schwieriges Jahrzehnt. Mein Vater war davon angetrieben, uns ein gutes, freies und selbstbestimmtes Leben zu ermöglichen. Dafür war er bereit, alles zu tun. Er war ein Basari, ein Teppichhändler, ein Kaufmann. Ich weiß, dass ich mich schon als kleines Mädchen auf den Basaren in Teheran mit dem Virus der Verkaufskunst infiziert habe. Ich glaube sogar, die Gabe ist mir sprichwörtlich in die Wiege gelegt worden.

Meine Mutter pflegte immer zu sagen, wir sollten so aufwachsen, dass wir als hübsche, junge Damen in ein Soldatenlager gehen und unbehelligt auf der anderen Seite stolz herausmarschieren könnten. Wir sollten uns gegen Annährungsversuche jeder Art selbst wehren können. Wir sollten unseren eigenen Platz im Leben finden.

Das unterschied uns von vielen persischen Familien jener Zeit. Frauen sollten vor allem hübsch sein, um an der Seite ihrer Männer zu glänzen. Ich fand schon immer, eine Frau ist nicht nur dazu da, ihre beiden schlanken Beine auf High Heels spazieren zu führen. Ich wollte etwas anderes. Bis heute bin ich meinem Vater dankbar, dass er eine frühe Heirat für uns immer ausgeschlossen hatte. Das mag jetzt liberal und westlich, fortschrittlich klingen, aber mein Vater erzog uns streng. Jungsbesuche und Partys waren verboten. Meine Eltern lebten traditionell. Wir sind Perser, stolze Perser. »Iranerinnen« ist nur das moderne Wort für Menschen wie uns.

Mit dieser Tradition und doch voll von Träumen von einem anderen Leben kamen wir im Sommer 1969 mit unserem vollgepackten Auto nach Hamburg. Fünf Personen am Beginn eines neuen Lebens. Ein Abenteuer für eine Familie, die nie zuvor ihr Heimatland verlassen hatte.

Hamburg war schon immer eine Handelsstadt, also auch in den 60er-Jahren genau der richtige Ort für einen Kaufmann wie meinen Vater. Ein Dreivierteljahr lang lebten wir bei einem Afghanen in einer Pension. Meine Eltern, ich, meine beiden Schwestern, meine Tante und deren Tochter, in einem kleinen Zimmer.

Eines Tages nahm mein Vater uns Kinder an die Hand und ging mit uns und dem afghanischen Pensionsbesitzer in eine Schule.

»Dies ist der Ort, an den ihr jetzt jeden Tag gehen werdet«, verkündete er. Er muss unendlich stolz gewesen sein, er hatte es geschafft, er hatte uns fortan eine Chance im Leben eröffnet, die wir im Iran niemals gehabt hätten.

Aber niemand aus unserer Familie sprach Deutsch, auch kein Englisch. Ich werde nie vergessen, wie sich das anfühlt. Sich nicht verständigen zu können, das war schon als Kind für mich ein Graus. Kommunikation ist in meinem Leben alles und genau die war nicht möglich. Es dauerte Monate, bis ich mich verständigen konnte, bis ich überhaupt gesprochen habe.

Ich weiß also, wie sich die Frau in der Abfertigungshalle im Terminal 2 am Flughafen 2002 fühlte. Die Frau aus dem Iran, die sich weigerte zu sprechen und wegen der ich vom Flughafenpersonal um Hilfe gebeten wurde. Die Iran-Air-Maschine, die mehrfach die Woche morgens aus Teheran kommend in Hamburg landet, hatte sie an Bord gehabt.

Eine ältere Dame, die jetzt vollkommen in ihren Tschador vermummt in der Ankunftshalle saß, dort, wo sonst

Kinder mit Luftballons auf ihre Papas warten, Eltern mit Tränen in den Augen ihre Kinder nach einem Austauschjahr in irgendwelchen Highschools im Mittleren Westen der USA wieder in Empfang nehmen. Dort, wo die Pforten sich öffnen und die Menschen direkt vom Gepäckband am Zoll vorbei das Niemandsland des inneren Flughafens verlassen. Dort saß sie auf einer Wartebank. Um sie herum vier Gepäckstücke. Sie hatte das Kunststück vollbracht, alle vier Koffer fest in ihren Händen zu halten. Die Kollegen hatten schon versucht, mit ihr zu sprechen, doch sie sagte kein Wort. Man konnte außer ihren Augen nichts von ihr sehen, keine Gesichtszüge deuten. Die Dame war nicht ansprechbar. Die Kollegen begannen sich Sorgen um sie zu machen, sie wirkte geradezu apathisch. Man hatte Perser um Hilfe gebeten, mit der Frau in ihrer Sprache zu sprechen und herauszufinden, ob alles in Ordnung war. Doch das waren alles Männer gewesen. Weder das iranische Flughafenpersonal noch iranische Geschäftsreisende und Touristen kamen an die Frau heran.

Als Perserin wusste ich, dass sie mit Männern nicht sprechen würde. Also blieb sie still bei ihren Koffern sitzen und sagte weiterhin kein Wort.

Ich setzte mich neben die Frau und sprach sie auf Persisch an:

»بش گـرزب ردام بوخ« (»Guten Abend, Großmutter«), sagte ich – das ist eine ehrenvolle Anrede in unserem Land. »Darf ich Ihnen behilflich sein?«

Sie sagte: »Können Sie mir etwas zu trinken holen? Ich kann nicht aufstehen, sonst sind meine Koffer weg.«

Ich holte ihr Wasser, bot ihr an, auf ihre Koffer aufzupassen, wenn sie mal auf Toilette müsste. Sie wollte nur Wasser. Und dann fragte ich, auf wen sie warten würde.

»Na, auf meine Kinder.« Ich hatte so etwas befürchtet.

»Aber Großmutter«, sagte ich, »hat man Sie vielleicht vergessen? Ihre Maschine ist heute Morgen um kurz nach 9 Uhr gelandet, jetzt ist es 18 Uhr.«

»Sie werden kommen«, sagte sie nur, »sie wohnen in der Nähe.« *Na hoffentlich*, dachte ich, denn obwohl ich nahezu nichts von dieser Frau wusste, nicht einmal ihre Gesichtszüge kannte, empfand ich doch gleich Sympathie für sie. Vielleicht weil ihre bloße Anwesenheit eine Brücke in meine Vergangenheit schlug, in meine Heimat. Vielleicht weil ich nur erahnte, wie alt sie wirklich sein mochte. Vielleicht weil sie mich, sowohl unterbewusst als auch bewusst, an meine Oma erinnerte. *Dem Enkelsohn dreh ich den Hals um, seine Großmutter hier auf dem Flughafen hängen zu lassen!*, dachte ich. »Kinder vergessen doch ihre Mama und Enkelkinder ihre Oma nicht!«, sagte ich zu ihr.

Ich brachte ihr noch ein Glas Wasser. Zu essen wollte sie nichts, sie habe alles dabei. Ich setzte mich wieder neben sie, fragte, ob ich noch etwas tun könne.

Um 21 Uhr kam dann die Bundespolizei. Irgendetwas musste jetzt passieren. Noch immer saß sie da, mit ihrem Tschador, die Hände auf ihre Koffer gelegt. »Großmutter, du sitzt hier immer noch. Deine Enkelkinder sind noch immer nicht hier. Es sind inzwischen zwölf Stunden vergangen. Woher kommt dein Enkelsohn? Hast du eine Telefonnummer?«

»Nein, ich habe keine Telefonnummer.«

»Hast du eine Adresse? Ich würde dich dort hinfahren.«

»Ich habe keine Adresse. Ich gehe mit niemandem mit.«

Ich wusste, es würde ein Problem geben, und das sagte ich ihr. Der Flughafen würde demnächst schließen, sie konnte hier nicht sitzen bleiben. Mein Persisch war inzwischen nicht mehr gut genug, um alle Hintergründe aus ihr herauszukitzeln, also rief ich meine Mutter an. Und aus meinem ersten Impuls heraus bat ich sie sogar noch, meine Großmutter abzuholen und sie mit zum Flughafen zu bringen.

Es muss ein komischer Anblick gewesen sein, als wir drei Perserinnen, aus drei Generationen, durch die Halle auf die vermummte Frau zuschritten und uns vertrauensvoll zu ihr hinunterbeugten. Ich begriff, dass ich allein aufgrund meines jungen Alters jetzt keine Gesprächspartnerin mehr sein würde. In Persien hat das Alter eine ganz andere Bedeutung als in Deutschland. Meine Mutter trägt keinen Tschador, nur meine Oma, und zu ihr fasste die Frau offensichtlich darum so etwas wie ein zartes Vertrauen.

Nach einigen Minuten kam meine Mutter zu mir.

Sie hatten nicht viel mehr herausgefunden als ich. Aber meine Großmutter hatte eine Adresse und eine Telefonnummer aus dem Iran herausgefunden. Da würde sie später anrufen.

Aber was sollten wir mit der alten Dame machen? Meine Mutter und meine Oma boten ihr an, sie mit nach Hause zu nehmen.

»Das würde ich machen, aber zu der jungen Frau (sie nickte in meine Richtung) gehe ich nicht. Sie sieht komisch aus, ich habe kein Vertrauen zu ihr!«, antwortete sie. Ich entsprach mit meinem Aussehen in keiner Weise mehr dem, was die ältere Generation von einer Frau aus dem Iran erwartete. Ich war geschminkt, trug einen kurzen Rock, dazu Stiefel.

Aber zu meiner Großmutter und meiner Mutter schien die Dame Vertrauen zu haben, das war immerhin ein erster Schritt. Wir boten ihr an, die Koffer in meinem Büro am Flughafen einzuschließen, doch das war ihr zu unsicher.

Inzwischen war auch mein Vater zum Flughafen gekommen, nach gutem Zureden durch meine Oma durfte er die bislang krampfhaft umklammerten Gepäckstücke tragen, während meine Mutter und meine Großmutter die Dame in ihre Mitte nahmen, sie einhakten und die Halle verließen. Inzwischen war also nahezu meine gesamte Familie in diesen Fall der gestrandeten Perserin involviert.

Bei meinen Eltern zu Hause angekommen, luden sie die Frau zum Abendessen ein. Die ganze Zeit über saß sie steif im Tschador am Tisch. Ihre Koffer mussten so stehen, dass sie sie die ganze Zeit im Blick hatte. Ihre Koffer waren ihre größte Sorge.

Dann rief meine Mutter die persische Nummer an. Es war inzwischen mitten in der Nacht, wir hatten wegen der Zeitverschiebung gewartet, bis man dort anrufen konnte. Am Telefon war eine Frau, die sehr verwundert war, als meine Mutter ihr erzählte, dass ihre Großmutter in Deutschland bei einer Familie am Abendbrottisch saß.

»Wieso in Deutschland?«, fragte sie verwirrt.

»Sie ist hier eingereist und wartet seit heute Morgen am Hamburger Flughafen auf ihren Enkelsohn.«

»Aber ihr Enkelsohn lebt doch in Dänemark! Sie wollte außerdem nicht heute, sondern morgen fliegen, und dann nicht nach Hamburg, sondern direkt nach Kopenhagen.«

Die arme Frau war also in Teheran in ein Reisebüro gegangen und hatte sich ein Ticket gekauft. Sie wird einfach das nächste Ticket nach Europa genommen haben, wie so viele im Iran, die keine besonderen geografischen Kenntnisse haben und glauben, Europa sei sehr klein. Sie kannte den Unterschied zwischen den beiden Ländern nicht. Meine Mutter ließ sich die Nummer des Enkelsohnes aus Kopenhagen geben und rief ihn an. Er war Tellerwäscher in einem Restaurant. Es war nicht einfach, ihn ans Telefon zu bekommen.

»Es geht um Ihre Großmutter,« sagte meine Mutter.

»Was ist mit ihr? Ist ihr etwas passiert?«

»Nein, es geht ihr gut. Sie sitzt am Abendbrottisch bei einer persischen Familie in Hamburg.« Ich wusste, wie absurd das für den Tellerwäscher in Kopenhagen klingen musste.

»Ich habe kein Auto, ich muss arbeiten, ich kann nicht mal eben so nach Hamburg fahren, ich wusste gar nicht, dass meine Großmutter mich besuchen wollte.«

Jetzt war meine Oma wieder an der Reihe. Sie bekam heraus, dass die iranische Großmutter sich offensichtlich mit ihrer Familie zerstritten, dann ihre Sachen gepackt und verkündet hatte, zu ihrem Enkelsohn zu ziehen. Nur dachte sie eben, Dänemark und Deutschland, das sei ein- und dasselbe. Und sie hatte außerdem tatsächlich schlicht und einfach vergessen, ihren Enkelsohn über ihre Entscheidung zu informieren. Die Großmutter war nach diesem Abenteuer nicht mehr bereit, noch einmal in ein Flugzeug zu steigen. Also musste ihr Enkelsohn sich von einem Freund ein Auto leihen, nach Hamburg fahren und sie abholen.

Bis dahin blieb die Großmutter bei meiner Familie wohnen. Als meine Mutter ihr das Gästezimmer fertig machte, war der einzige Wunsch der Dame, man möge ihr bitte die Koffer neben ihr Bett stellen.

Am nächsten Morgen, als meine Mutter sie zum Frühstück bitten wollte und in das Zimmer kam, saß sie bereits auf dem Bett. Wieder im Tschador, schließlich waren ja Männer im Haus. Mein Bruder und mein Vater. Wieder hatte sie ihre Hände auf ihre Koffer gelegt. Ich habe nie herausgefunden, was in den Koffern war. Geld? Wertvolle Teppiche? Ihr Mann?

Die iranische Großmutter blieb noch eine weitere Nacht im Haus meiner Eltern, und als ihr Enkelsohn schließlich kam, da drehte sie sich bei der Verabschiedung in der Tür zu meiner Mutter um und sagte:

»Vielen Dank für die Gastfreundschaft. Auf dem Rückweg fliege ich über Hamburg und dann komme ich Sie wieder besuchen.«

KAPITEL 6

EINS UND EINS, DAS MACHT DREI

Manche Reiseverkäufer sind ja der Meinung, das dicke Geschäft sei im Spätsommer gelaufen. Was für ein fataler Fehler und welch großes Glück für mich. Reisen in der Hauptsaison verkaufen kann doch jeder. Und da Angebot und Nachfrage auch in meiner Branche das A und O sind, ist klar, dass es die Killerschnäppchen in den Wochen, in denen bis zu 80 Prozent der deutschen Eltern von Kindern über sechs auf die Schulferien angewiesen sind, nur sehr selten gibt. Vielleicht wissen Sie, dass die Sommerferien innerhalb einer gewissen Spanne im Laufe der Jahre leicht verändert rotieren. Damit nicht immer die Schleswig-Holsteiner als Erste bereits Mitte Juni die Füße in die dann oft noch 16 Grad kalte Nordsee halten müssen. Aber wussten Sie auch, dass von dieser Rotation Bayern und Baden-Württemberg ausgenommen sind und diese beiden Bundesländer *immer* als letzte im August und Anfang September in die Ferien gehen? Sollten Sie diese Zeilen als Mutter eines Zehnjährigen in Bayreuth oder von Zwillingen in Tübingen lesen, dann wissen Sie das natürlich. Das Sonderrecht dieser beiden Bundesländer hat aber auch einen triftigen Grund, weshalb man Mitleid mit den Kleinen in Tübingen oder Bayreuth haben muss, da sie es wirklich nicht leicht haben zum Ende des Sommers. 1964, die ältere Leserschaft wird sich erinnern, setzten diese beiden Bundesländer nämlich durch, von rotierenden Sommerferien bitteschön verschont zu bleiben, weil die lieben Kleinen schließlich als Erntehelfer auf den Feldern gebraucht würden. Hopfen und Malz einfahren, Radis gießen, Spargel ziehen (ich merke schon, Sie sind clever und erkennen als Spargelesser meine Ironie).

Na, aber wir in Norddeutschland sind Ende August halt keine Bayern oder Badener und daher geht es bei uns Anfang September in die Nebensaison über. Ich gestehe frei: Neben zehn bis elf anderen ist der September mein Lieblingsmonat, um Reisen zu verkaufen. Er wäre übrigens auch mein Lieblingsmonat, wenn ich eine Reise *kaufen* wollen würde und keine Kinder hätte, die schon zur Schule gehen. Man muss nicht weit weg, um es warm zu haben, die Strände sind deutlich leerer als in den acht bis zehn Wochen zuvor und, ganz entscheidend: der gleiche Ort, der gleiche Flug, das gleiche Hotel – vielleicht nicht ganz die gleiche Temperatur –, aber auf alle Fälle: nicht ansatzweise der gleiche Preis. Du kannst Schnäppchen machen im September. Und ich kann Schnäppchen anpreisen im September. Wenn Anfang Juli bei mir jemand am Schalter steht und sich beschwert, dass er 14 Tage Mallorca aber schon mal günstiger gesehen hat: Bitte schön. Bingo!

Aber scheinbar ist meine September-euphorie nicht so ansteckend, dass auch alle anderen Schalter um mich herum glücklich glucksendes Personal hinter ihren Tresen sitzen hätten. Aber O. K.:  Macht schön Pause, sage ich jedes Mal zu den Kollegen, und dann lache ich mir ins Fäustchen.

Der 22. September 2002 war so ein Tag, an dem ich richtig aufdrehte. Ich war in Hochstimmung, als sich vor meinem Schalter eine lange Schlange von urlaubswilligen Schnäppchenjägern bildete. Die Köpfe hochgereckt, die Augen scannten die angeschlagenen Superschnäppchen ab. Und ich hatte einiges zu bieten: Korfu: 7 Tage, Flug & 4-Sterne-Hotel, inkl. Halbpension, 468 Euro. Traumhaft günstig, Mallorca: 5 Tage, Flug & Hotel, inkl. Halbpension. Keine 300 Euro. Ich meine, wer wird da nicht schwach? Aber ich will in diesem Buch keine Reisen verkaufen, sondern eine Geschichte erzählen. (Kommen Sie trotzdem mal vorbei, für Sie habe ich sicher auch etwas Passendes!)

Die Preise hatte ich mit einem gelben Marker extra zum Leuchten gebracht. Sie waren das Highlight auf meinen Highlight-DIN-A4-Zetteln, mit denen ich damals in den Morgenstunden meinen ganzen Stand dekorierte. Ein echter Blickfang im alten Terminal 1. Dazu die pinke Farbe. Oft war ich so inspiriert, dass ich mir noch den Lippenstift nachzog, natürlich einen pinken, damit alles schön Ton in Ton war, ich war schon immer ein stolzes Mitglied der L'tur-Familie. Wie es so meine Art ist, verhalte ich mich im Grunde wie meine Kunden und scanne auch alles in meiner

Umgebung ab, checke, ob die nebenan womöglich doch mit meinen Nur-Flug-Mykonos-Preisen mithalten können, wittere, was Kunden antreibt, länger am Nachbarschalter zu verhandeln. »Sei gut vorbereitet auf den, der kommt. Denn dann kannst du ihm geben, was er will!«, pflegt mein Vater noch heute seinen guten Riecher zu beschreiben, der es ihm damals in Persien ermöglichte, auf dem Basar der Beste zu sein. Und am Nachbarschalter tat sich etwas … eine Kundin debattierte in einer Mischung aus Traurigkeit und Wut darüber, wieso Einzelzimmer in Hotels so unverschämte Zuschläge kosteten, wo es doch Einzelzimmer seien, die meist kleiner, weniger komfortabel und statt zur Meerseite zur vierspurigen Ausfallstraße gelegen seien. Ohne Balkon natürlich. Da säße man dann ja eh nicht so gern. Sie hatte etwas Melancholisches vom Stil *Warum muss ich immer dafür büßen, Single zu sein?* in den Augen. Sie war mir, bis auf die Tatsache, dass sie am falschen Schalter stand, auf sechs Meter Entfernung irgendwie sympathisch.

»Entschuldigen Sie, ich habe eine Frage!« Der Mann vor meinem Schalter riss mich aus meinen Gedanken: *Bleib mit einem Ohr am Nachbarschalter!*, dachte ich. »Na, Schatz, du siehst ja verloren aus!«, begrüßte ich ihn. Er lächelte erst einmal verlegen, und als ich aufblickte und in sein Gesicht schaute, wusste ich genau, was er sagen würde. Und so kam es: »Ich möchte gern allein in den Urlaub. Irgendwas Verrücktes. Eine Traumreise. Ich habe aber nur ein sehr kleines Budget.« Was immer klein für ihn heißen mochte. *Kleines Budget und Traumreise vertragen sich nur dann, wenn man seine Träume im Griff hat!*, dachte ich. Jetzt war Kreativität gefragt. Kreativität gepaart mit Septemberschnäppchenzeit bei Maryam. Und manchmal begreife ich mich in solchen Momenten selbst nicht, denn dann habe ich verrückte Gedankengänge, die so schnell in mir rattern, dass mein Gehirn meine Zunge in Bewegung setzt, bevor ich mich fragen kann: *Kann das gut gehen, Maryam?* Ich dachte: *Wie gut, dass ich mir in all den Jahren antrainiert habe, meine Ohren immer noch woanders zu haben, in diesem Fall am Nachbarschalter, an dem diese junge, melancholische Einzelreisende steht und sich die Einzelzimmerzuschläge der Angebote der Konkurrenz erklären lässt.* Ich fand es schon schlimm genug, dass sie überhaupt noch immer am Nachbarschalter stand, warum war sie nicht längst bei mir gelandet? Und was konnte ich tun, damit sich das ändert, bevor sie ihre Kreditkarte durch das Nachbargerät ziehen würde und ich auf die nächste Urlaubssaison warten müsste? Meine Idee war verrückt, nein, irrsinnig. Aber es war einen Versuch wert.

Jetzt ließ ich die Szenerie am Nachbarschalter nicht mehr aus den Augen. Die Suchergebnisse rauschten nur so über meinen Schirm: Angebote von Billighotels, zwar am Meer, aber mit Blick auf den Hinterhof oder die Baustelle. Hier mal was in Ägypten, in der Türkei, in Tunesien. Ein Traumurlaub sollte es werden, etwas Verrücktes. Etwas, was er sich nicht zu träumen gewagt hatte, das sollte es sein. Wenn jemand zu mir an den Schalter kommt und an die Costa del Sol will und ich ihn für wenig mehr nach Kenia schicken kann, dann ist es wahrscheinlich, dass er immer wieder zu mir an den Schalter zurückkehrt. Und während ich suchte und suchte, machte die Verkäuferin am Nachbarschalter einen echten Anfängerfehler. Sie ging in ihr Backoffice, in das kleine Büro hinter sich, und ließ die Kundin allein am Schalter stehen! Das war meine Chance und auch die des jungen Mannes, was der zu diesem Zeitpunkt noch gar nicht erahnen konnte, weswegen er mich auch etwas verwirrt anschaute, als ich der jungen Dame am Nachbarschalter »Psst, psst, psst!« zuraunte. Erst reagierte sie nicht, ich musste also lauter werden. Mein »Psst, psst, psst« war inzwischen zu einer Art Pfiff geworden.

Ich meine, da stand eine Kundin. Jeder Mensch ist natürlich ein Kunde, auch wenn er oder sie sich selbst nicht so sieht. Wenn ich morgens Brötchen holen gehe und die Bäckerin zu mir sagt: »Ich bin echt urlaubsreif«, dann kann sie aber sicher sein, dass auf dem Verkaufstresen am nächsten Morgen meine pinkfarbene Visitenkarte liegt.

Die junge Frau am Nachbarschalter schien sich über mein immer lauter werdendes »Psst, psst, psst« zu amüsieren, und als ihr langsam dämmerte, dass die orientalisch anmutende Dame am pinken L'tur-Schalter ihr heutiges Problem vielleicht würde lösen können, nahm alles seinen Lauf. Als die Verkäuferin am Nachbarschalter schließlich wieder hervorkam, hörte ich, wie die Frau sagte: »Danke, ich guck mich noch mal anderswo um …« – und dann kam sie zu mir, sie hatte mein »Psst« begriffen.

Der erste Schritt war also getan. Ich schenkte ihr mein Stammkundenlächeln und sagte zu dem jungen Mann: »Du, Schatz, wartest hier an der Seite mal einen kleinen Moment, ich muss kurz die junge Dame bedienen.«

Jetzt stand der Mann rechts vor mir am Schalter, die junge Dame links. Ich fühlte mich wie bei dieser Fernsehshow

»Herzblatt«, nur hatte ich keine Trennwand, sondern bloß diese beiden Reisewilligen vor mir. Ich glaube, ich war nicht ganz so charmant wie die Frau in der Show, die Sätze sagt wie: »Entscheidest du dich für diesen etwas schüchternen, gut aussehenden Mann, der dich mit ganz wenig Geld in eine fremde Kultur entführen möchte?«

Ich sagte: »So, meine Schätzchen, jetzt lasst uns mal Tacheles reden. Du hast keine Kohle, willst aber was Verrücktes, einen Traumurlaub. Ist bei mir natürlich kein Problem. Und du siehst nicht ein, wieso du für ein kleines Einzelzimmer mehr bezahlen sollst als ein Ehepaar auf Petersilienhochzeitsreise. Zusammengefasst: Ihr habt beide keine Kohle für das Einzelzimmer und eigentlich keinen Bock auf Singleurlaub. Ihr braucht nicht zu widersprechen, ich sehe so was, glaubt mir. Ihr seid notorische, aber unfreiwillige Singles.« (Verstehen Sie jetzt, was ich vorhin meinte, als ich sagte, dass ich manchmal beängstigend finde, dass ich das, was ich denke, auch in die Tat umzusetzen versuche?) Anstatt aber über den Tresen zu greifen und mich unverschämte Frau zu erwürgen, sahen sich beide verlegen an und dann mich. Da ich also nicht spontan erwürgt worden war, lief ich zur Höchstform auf. »Warum also machen wir nicht aus zwei unverschämt teuren Einzelzimmern ein wunderschönes Doppelzimmer? Das ist eine Win-win-Situation: Ihr zahlt beide keinen Einzelzimmerzuschlag, das Doppelzimmer ist sowieso noch günstiger und keiner von euch landet allein an der Destination. Ist doch auch doof, wenn alle mitleidig gucken ...«

Sie sah mich an und sagte: »Welche Destination eigentlich?«

In dem Moment wusste ich: Der Plan wird tatsächlich aufgehen! Und mit einem letzten Blick auf meinen Bildschirm schoss es aus mir heraus: »Sri Lanka.«

Ich glaube, beide waren der Ohnmacht nahe, besonders als ich den (wirklich supersensationellen Es-ist-Nachsaison-und-du-kannst-Septemberschnäppchen-machen-)Preis nannte. Gab es vorher noch einen Restzweifel, ob es klappen könnte, war der mit diesem Traumziel vom Tisch gewischt, hoffte ich.

»Vergesst die Billighotels in Tunesien, ich biete euch etwas Exotisches. Etwas, was ihr euch – jeder für sich allein – gerade nicht leisten könntet.«

Die beiden sahen mich an. Nicht sich, was ich in dem Moment eigentlich logischer gefunden hätte. Ich wollte dem eventuell aufkeimenden Zweifel, wenn die beiden sich gleich angucken würden, vorbeugen, als ich sagte:

»Ihr könnt das ja so machen: Du benutzt das Zimmer tagsüber und du nachts.«

Ich schätzte sie auf Mitte 20, ihn ganz knapp über 30. Genau das richtige Alter also, um etwas Verrücktes zu tun. Wollte er doch eh! Etwas, auf das sie ohne mich vielleicht nie gekommen wären. Mensch, was hatte ich in diesem Moment für einen Spaß.

Die beiden guckten mich immer noch sprachlos an und dann sich. Er hatte einen Schnauzer, ich meine, wir hatten Anfang 2000, niemand hatte einen Schnauzer!, nicht einmal mehr Tom Selleck, und ich fürchtete kurz, dass es vielleicht doch noch schiefgehen könnte, wenn sie genau hinsah.

Schnell schob ich nach: »Jetzt, meine Süßen, spart jeder von Euch 400 Tacken.«

Die Sri-Lanka-Reise war tatsächlich ein fantastisches Angebot. Ein tolles Hotel, traumhaft direkt am Indischen Ozean gelegen. Die Reise war perfekt. Und sie musste weg.

Sie schaute mich jetzt kritisch an. Sie war keine Kundin, die allein nach Sri Lanka fliegen würde, und wenn sie weiterhin Single bleiben würde, dann würden sich ihre Urlaubserfahrungen auf die Balearen oder die Türkei beschränken. Ihre Urlaubsfotos würden immer gleich aussehen. Aber mit diesem Mann mit dem Schnauzbart an ihrer Seite würde sie vielleicht ein Abenteuer wagen. Ich versuchte jetzt also, logisch zu argumentieren. (Wieder war meine Zunge kurzgeschaltet!)

»Also, Süße, hör zu. Wenn du allein am Strand liegst und du einen netten jungen Mann kennenlernst, wo würde er landen? Richtig, in deinem Zimmer. Bei meinem Angebot sparst du dabei noch Geld.« (*Nicht er,* sie *wird mich erwürgen!*, dachte ich dabei.)

Jetzt guckte sie wieder zu dem Mann mit dem Schnauzer hinüber:

»Vielleicht gehen wir erst mal eben zusammen einen Kaffee trinken …?«

Ich musste sie unterbrechen und sagte:

»Nicht einmal für einen Espresso ist Zeit.«

Nicht nur weil ich keine Lust hatte, dass die beiden jetzt in Ruhe einen Kaffee trinken gehen würden, um sich dann vielleicht nicht mehr anzustellen, weil die Schlange der Schnäppchenjäger zu lang sein würde. Kunden warten nicht gern. Und die Nachbarschalter waren alle leer. Sondern auch weil das Schnäppchen schnell weg sein würde. Zu viel Ersparnis für zu viel Traum. Außerdem: Ich wollte keine Fremdgeher. Und natürlich: Ich hatte auch etwas Angst. Rein äußerlich passten die beiden nicht besonders gut zusammen. Ich musste also zusehen, dass ich sie schnell in den Flieger bekam, dann konnten sie nicht mehr zurück.

Das Unfassbare geschah also ohne den geringsten Schluck Kaffee. Vielleicht war es die Angst vor der mangelnden Courage, vielleicht vorgespielte Selbstsicherheit, vielleicht bloß das Gefühl, beim großen Abenteuer wieder zu kneifen – aber sie sahen sich nicht an, als sie buchten. Sie gaben mir nur ihre EC-Karten. Wahrscheinlich sind die Gedanken über Abenteuer und Courage viel zu kompliziert, denn am Ende waren es die 400,– Ersparnis, die den Ausschlag gaben. Sie haben es wirklich getan. Ist das nicht völlig verrückt?

Es hat mir im Übrigen Sorge bereitet, dass ich danach nichts mehr von ihnen gehört habe. Oft kommen die Leute nach ihrem Urlaub noch einmal zu mir und erzählen mir, wie ihnen die Reise gefallen hat. Aber vielleicht war es besser so, als wenn er oder sie mich nach der Reise an meinem Schalter für meine Verkupplung beschimpft hätten ...

Doch dann kam sie doch noch einmal an den pinkfarbenen Tatort zurück! Sie hatte sich ein bisschen Zeit gelassen. Sie kam allein, und als sie vor mir am Schalter stand, hätte ich sie kaum wiedererkannt. Sie strahlte. »Ich habe das Glück meines Lebens gefunden. Er ist mein Traummann. Du hättest uns überall hinschicken können, wir haben von der Umgebung gar nichts mitbekommen. Es war einfach nur ein Traum.« Ich konnte nichts dafür, aber ich musste an dieses ungleiche Paar denken und irgendwie begann das Kopfkino. Ich sah einen großen Schnauzer ... und dann ... na, lassen wir das.

Sie strahlte mich immer noch an und dann sagte sie: »Und stell dir vor, wir werden heiraten.« Das war zu viel für mich. Wir umarmten uns.

Nach ein paar Monaten bekam ich Post. Es steckte ein Foto in dem Brief. Ich sah ein unglaublich süßes Mädchen darauf. Ohne Schnauzer, keine Conchita Wurst also: »freuen wir uns über die Geburt von Maryam ...« Sogar mit »y« war sie geschrieben. Sie hatten ein Kind bekommen.

Es vergingen Jahre, bis sie eines Tages mit einem bezaubernden jungen Mädchen am Schalter auftauchte und fragte: »Na, kennst du mich noch?«

»Natürlich kenne ich dich noch, wie sollte ich dich vergessen? Aber wer ist die junge Dame neben dir?«

»Das ist Maryam.« Ich bin nah am Wasser gebaut, das sollten Sie, liebe Leser, am Ende noch wissen ...

KAPITEL 7

VON APRIL
BIS SEPTEMBER

Wenn man in der Tourismusbranche arbeitet, sein Geld damit verdient, Reisen, oftmals sogar Traumreisen, an den Mann, die Frau, die Familie zu bringen, dann beobachtet man natürlich auch sehr genau, wie über die eigene Branche berichtet wird. Manchmal bekommt man dann das Gefühl, dass es viele Menschen gibt, die denken, dass hier ausschließlich Verbrecher beschäftigt sind und dass in Reisekatalogen oder auf entsprechenden Internetseiten nur gelogen und betrogen wird, damit möglichst viel gebucht wird. Es gibt ganze Bücher darüber, jedes Jahr zur Sommersaison füllen sich die Internetseiten der Magazine mit Bildergalerien oder Artikeln darüber, dass ein im Katalog beschriebener »beheizbarer Pool« alles andere als warmes Wasser enthalten muss oder dass ein Zimmer, das »zur Meerseite gelegen« ist, keinen Meerblick haben muss. Ein »naturbelassener Strand« soll demnach ein Zeichen dafür sein, dass er zugemüllt sei. »Wenn Sie im Katalog lesen«, so schreibt es ein Blogger, »»neu eröffnetes Hotel‹, dann werden Sie automatisch auf einer Baustelle landen, mit Wänden, die noch feuchten Putz enthalten, oder wo morgens der Maler zum Fenster hereinlugt, weil er die Balkonbrüstung noch streichen muss!« Wissen Sie was? Wie immer gilt: Alles kann, nichts muss. Eine Weisheit, die ich wieder und wieder in meinem Büro auf der Hamburger Reeperbahn gehört habe, auch wenn die Kolleginnen aus den Bordellen keine Reisen damit meinen.

Schwarze Schafe gibt es überall, ein einigermaßen gescheiter Hotelier wird seinen »beheizbaren Pool« in den kälteren Monaten nicht bloß von 15 auf 16 Grad hochheizen, sondern es seinen Gästen bestimmt wohliger gestalten. Wie in vielen anderen Branchen gilt besonders in der Reisebranche das Prinzip, dass Gäste zum Tatort ihrer letzten Reise gern zurückkehren, wenn es ihnen denn gefallen hat. Und wenn sie nicht zuvor im Reisekatalog nach Strich und Faden belogen und betrogen worden sind. Der Mensch ist ein Gewohnheitstier, achten Sie mal auf das ältere Ehepaar in Ihrer Nachbarschaft, das seit 1998 jedes Jahr ins gleiche Hotel in Playa del Inglés auf Gran Canaria fliegt und dort morgens am Frühstücksbuffet eher zu den deutschen Wurstsorten greift als zu Salchichón oder Jamón Ibérico. Aber nicht dass Sie mich missverstehen: Natürlich muss man sich für das viele Geld, das man für das Verreisen ausgibt, auch beschweren dürfen, wenn in der Reisebeschreibung etwas angekündigt worden ist, was man dann anders oder womöglich gar nicht vor Ort vorfindet. Aber aufs *Wie* kommt es an, der Ton macht die Musik. Und manchmal sieht man dem, der eben diese Musik spielen möchte, schon von Weitem an, ob er eher *forte* oder *piano* im Notenblatt stehen hat.

Es war ein Tag Ende August und an meinem alten Schalter im Terminal 1 standen die Kunden mal wieder in einer großen Menge, sodass ich scherzhaft darüber nachdachte, ob sich die Anschaffung eines dieser Nummernziehgeräte lohnen würde, die man an Fleischtheken in spanischen Supermärkten genauso findet wie auf dem Einwohnermeldeamt, nur mit dem entscheidenden Unterschied, dass man in spanischen Supermärkten, wenn man die 42 gezogen hat und gerade erst Nummer 13 bedient wird, schon mal in aller Seelenruhe in die Weinabteilung schlendern kann, wohingegen die wenigsten deutschen Einwohnermeldeämter über eine Weinabteilung verfügen, mit Glück gibt es einen Wasserspender als Amtsstubenhighlight. Neuerdings soll man beim Arbeitsamt sogar *kaltes* Wasser aus dem Spender herausbekommen, wenn man meldet, dass man einen Job hat und aus der Arbeitslosenstatistik herausfällt. Das halte ich aber für ein Gerücht.

Also, es war auf alle Fälle voll an meinem Schalter, und da er so im alten Charterterminal platziert war, dass man nicht nur die Check-in-Counter im Blick hatte, sondern auch die großen Schiebetüren, durch die die von ihren Reisen zurückkehrenden Fluggäste strömten, nachdem sie ihre Koffer von den Bändern geholt und den Zoll passiert hatten, sah ich das Unheil förmlich auf mich zurollen. Obwohl es noch 150 Meter von mir entfernt war. Ein untersetzter Mann im Vorruhestandsalter, einen aus wenigen weißen Haaren bestehenden Haarkranz auf seiner Kopfhaut, die rot leuchtete vor sonnengegerbtem Sonnenbrand, mit hochrotem Gesicht – dieses Rot jedoch, das sah ich gleich, war eine Mischung aus Sonne und Wut. In der Hand, von Weitem zu erkennen, wedelte er mit einer Zeitschrift, zusammengerollt zu einer Mischung aus drohendem Rohrstock und Don-Quijote-Lanze. Im Schlepptau, wenige Meter hinter ihm, respektvoll und außer Puste, nicht etwa sein Pferd Rosinante, sondern seine Ehefrau, die, statt einer Zeitschriftenlanze in *einer* Hand, zwei deutlich sichtbar schwere Rollkoffer mit *beiden* Händen hinter sich herziehen durfte.

Glauben Sie mir, es hat nichts damit zu tun, dass ich nicht zu Fehlern stehen würde oder nicht mit Kritik umgehen könnte, aber in diesem Moment war ich besorgt, denn es stand außer Frage, dass dieses angriffslustige Paar auf direktem Wege zu *meinem* Schalter war (auch wenn es eine Restchance gab, da sich direkt neben dem Schalter der Ausgang aus dem Terminal befand) und buchungswillige Kunden, die so zahlreich erschienen waren, zumindest teilweise mit ihrem anstehenden Gepöbel verschrecken könnte. Da verhält es sich nämlich ähnlich wie am Fleischerstand im spanischen Supermarkt. Rauscht da jemand an den Wartenden vorbei, laut schimpfend mit den Worten: »Eres un cabrón que me vendió la carne podrida!«, dann werden sich zumindest einige derjenigen, die Spanisch verstehen, überlegen, ob sie nicht besser vom Fleischkauf absehen und den Supermarkt wechseln sollten.

Ich hatte noch 50 Meter Zeit, mich auf den Angriff vorzubereiten, und versuchte mich an die beiden zu erinnern. Besser: Ich erinnere mich bei fast jedem Gesicht, das ich vor mir sehe, ob es zu einem Menschen gehört, der schon einmal bei mir gebucht hat, oder nicht, aber je mehr ich in meiner geschwätzigen Art bei der Buchung mit meinem Gegenüber plaudere oder scherze, desto mehr weiß ich natürlich über Vorlieben oder Eigenarten Bescheid. »Kenne deinen Kunden wie einen Freund und die Kundschaft wird sich vermehren!« ist einer dieser Sätze, die mein Vater als Leitspruch beim Teppichverkauf gewählt hatte. Und obwohl das hier alles nicht nach Freundschaft aussah, konnte ich mich daran erinnern, dass es sich bei meinem hochroten Angreifer um einen durchaus gebildeten Schuldirektor im Ruhestand handelte. Ich erinnerte mich so genau daran, weil er bei der Buchung mit vielerlei Zitaten aus Büchern um sich geworfen und seinen anstehenden Sonnenurlaub in Griechenland im Freundeskreis als Bildungsreise hatte verkaufen wollen. Ich hatte ihn nicht als unangenehm in Erinnerung. Aber etwas Unangenehmes musste ihm in den vergangenen 14 Tagen zugestoßen sein, er war zu erregt. Seine Frau hatte ich nicht kennengelernt, er hatte es vorgezogen, alleine zu entscheiden, wohin sie seine Koffer tragen durfte. Mit seiner Lanze in der Hand bahnte sich der hochrotköpfige, aber durchaus belesene Don Quijote fuchtelnd seinen Weg durch die wartende Menge, und noch bevor ich dem Kunden, mit dem ich gerade in Verhandlungen stand und der, alles andere als belesen, das genaue Gegenteil von Bildungsurlaub buchen wollte, klarmachen konnte, dass ich ihn nur zu gern erst einmal zu Ende bedienen würde, machte dieser in vorauseilendem Gehorsam dem Schuldirektor den Weg frei an die erste Position an meinem Schalter. (Ganz ohne dass die Wartenummer von Don Quijote über mir aufgeleuchtet hätte!). Seine Lanze, die er in diesem Moment entrollte, entpuppte sich im Übrigen nicht als Zeitschrift, sondern als Reisekatalog »Griechenland, Festland, Griechische Inseln, Zypern, Sommer«. Er vergaß mich zu begrüßen beziehungsweise sein Gruß bestand aus den Worten:

»Das ist eine riesengroße Schweinerei!«, und als ich mit »Guten Tag, erst mal …« antwortete, fügte er an:

»Und das soll auch *jeder* hier hören!« So fühlt man sich also am Pranger.

»Hatten Sie eine angenehme Reise?!« (Ich wollte ihn nicht provozieren, eher beruhigen.)

»Werden Sie nicht auch noch unverschämt!« (Er ließ sich nicht beruhigen, fühlte sich provoziert.)

»Ich werde mich bei der LTU-Zentrale beschweren!«

Das war zur damaligen Zeit fast schon ein Running Gag. Die Fluggesellschaft LTU gab es damals zwar noch, sie hatte aber schon immer mit der Firma, für die ich Reisen verkaufe, nur eines gemeinsam: drei Buchstaben im Firmennamen. Ich gebe zu, das sind dann ja schon *drei* Gemeinsamkeiten. Sonst aber nichts. Vielleicht als Beispiel etwas weit hergeholt, aber es gibt schließlich auch gravierende Unterschiede zwischen dem alljährlich begangenen CSD (Christopher

Street Day) und der bayerischen Volkspartei CSU (Christlich-Soziale Union).

»Wenn Sie mit der LTU sprechen wollen: Die sitzt in Düsseldorf … aber vielleicht verraten Sie mir doch erst einmal, worum es denn eigentlich geht? Dann kann ich die Kollegen vorwarnen?!«

»*Sie* (Crescendo) haben mir die Reise in *dieses* (Fortissimo) Hotel empfohlen und ich werde mich beschweren, denn der Katalog *lügt* (Paukenschlag)!«

»Nun beruhigen Sie sich doch erst einmal und zeigen Sie mir: Wo genau lügt denn der Katalog?« (Ich fühlte mich wie eine Windmühle, mir gingen die Formulierungen, die ich über das Hotel in Erinnerung hatte, im Kopf herum und Don Quijote ging zum nächsten Gefecht über:)

»Finger weg! Ich habe mir extra den Katalog besorgt, den Sie mir bei der Buchung gezeigt haben, als Beweis! Und damit es Zeugen gibt, bitte ich *Sie*«, er zeigte auf den Nebenmann, dessen Buchung der Partyreise nach El Arenal er gerade in der Schlussphase unterbrochen hatte, wie auf einen seiner ehemaligen Schüler, »*Sie* lesen jetzt laut vor allen hier Anwesenden vor, was da steht!« Er tippte mit dem Finger auf die Hotelbeschreibung.

Sein Schüler tat, wie ihm befohlen: »Die luxuriöse Hotelanlage liegt direkt am schönen …«

»Weiter unten!«

»… mit weitläufiger Terrasse und Panoramablick zum Meer …«

»Ganz unten!« (Ich befürchtete, er würde ihm eine 6 geben für diesen Vortrag.)

»Eintritt in den Spa-Bereich und eine Massage pro Person und Woche frei …«

»Mein Gott, hören Sie denn nicht, was ich sage? Lesen Sie *das* hier!« Er tippte wie wild auf einen Satz am Ende der Hotelbeschreibung.

»Buchbar von April bis September.«

»Aha! Haben das alle hier gehört?!« Ein paar nickten, vielleicht aus Zustimmung oder aus Mitleid, und so wiederholte er es überbetonend:

»BUCHBAR VON APRIL BIS SEPTEMBER!«

Ich fand es an der Zeit, auch mal wieder etwas zu sagen, da mir noch immer nicht klar war, wo das Problem lag.

»Wir haben Ende August, wo bitte gab es denn ein Problem?«

Er holte einen Zettel aus seiner Jackentasche.

»Eben, genau deswegen. Ich habe es mir vom Hoteldirektor bestätigen lassen. Wir haben August und es gab im gesamten Hotel *keine* Buchbar!« Kurzes Schweigen, dann fügte er, als ob ich ihm nicht glauben wollte, hinzu:

»In der man in aller Ruhe ein Buch hätte ausleihen und beim Lesen ein Glas Rotwein hätte trinken können!«

Ein paar Kunden kicherten, ich musste mich sehr zusammenreißen, um nicht laut loszulachen, und überlegte kurz, bevor ich antwortete:

»Mit dieser Beschwerde wenden Sie sich dann doch bitte direkt an die Zentrale der LTU in Düsseldorf.«

KAPITEL 8

HUGO

Kennen Sie das Spiel »Urlaubs-Déjà-vu«? Ein Stammkunde-fast-schon-Freund hat mir vor Jahren davon erzählt und ich bin im Laufe der Jahre in meinem Freundeskreis auch immer wieder auf Menschen gestoßen, die das Spiel kennen, es nur vielleicht anders nennen. Hintergrund dieser Geschichte ist, dass dieser Stammkunde-fast-schon-Freund im zarten Alter von elf Jahren mit Bruder und Eltern im Urlaub gewesen war. Mich gab es zwar schon, aber ich war zu der Zeit ungefähr 15 und damit beschäftigt, meine Schullaufbahn in Hamburg zu gestalten. Soll heißen: Es war keine L'tur-Reise. Ich hatte nicht die Finger im Spiel. Der noch junge Stammkunde-fast-schon-Freund war sich auf jeden Fall sicher gewesen, in ihrem Hotel in Nordfuerteventura einen Mann entdeckt zu haben, der nur ein paar Häuser weiter neben seinem Elternhaus wohnte. »Guckt mal, da ist Herr Herrmann, der vier Häuser weiter wohnt!«, sagte er also altklug zu seinen Eltern. Die, in ihrer Weisheit einige Jahre im Vorsprung, mussten lachen. »Lustig, der sieht wirklich so aus wie Heinzi Herrmann! Aber die Frau an seiner Seite definitiv nicht wie Mona Herrmann, seine Frau!« Noch bevor sich eine Debatte darüber entspinnen konnte, ob Heinzi Herrmann vielleicht mit einer *fremden* Frau *heimlich* in diesen Urlaub geflogen war, konnte der Vater der Familie berichten, dass er die beiden am Buffet unauffällig belauscht hatte und sie würden Spanisch miteinander sprechen, eine Kunst, die der echte Heinzi Herrmann bislang in nachbarschaftlichen Kaffeekranzrunden nicht an den Tag gelegt hatte.

»Aber er sah wirklich unfassbar genauso aus!«, beharrte mein Stammkunde-fast-schon-Freund, »in jedem Urlaub meines Lebens habe ich ihn danach wieder gesehen. Heinzi Herrmann hat einfach ein unglaubliches Durchschnittsgesicht. Er hat unzählige Doppelgänger. Von Dubrovnik bis Oslo. Es gibt ihn in Dithmarschen und in Detroit! Er ist mir immer wieder, ach was, auf *jeder* Reise begegnet!«

Die Geschichte von der Fuerteventura-Reise geht aber noch weiter. Mein Stammkunde-fast-schon-Freund erzählte es so: »Dann, zwei Abende später, wieder am Abendbuffet, sagte mein Bruder beiläufig, die Frau drei Tische weiter sehe aus wie seine ehemalige Grundschulklassenlehrerin Frau Kiesewetter, seine Grundschulzeit lag zwar sechs Jahre zurück, aber ich, fünf Jahre jünger, war auf der gleichen Grundschule gewesen und hatte Frau Kiesewetter in Musik gehabt. Bei mir lag die Grundschule also weniger als ein Jahr zurück. Ich guckte also an meinem Pommesteller vorbei und: *Stimmt!* Das Problem, das im Gegensatz zu Heinzi Herrmann bestand, war, dass keiner der Anwesenden den

Ehemann der Grundschullehrerin Kiesewetter je zu Gesicht bekommen hatte. Es entbrannte eine Diskussion darüber, dass, wenn sie es wäre (man hatte schon belauscht, dass sie Deutsch sprach), sie doch wohl zwei ihrer ehemaligen Schüler wiedererkennen und ansprechen würde. »Am kommenden Abend, nachdem das Thema am Frühstücksbuffet unter Beobachtung des Nachbartisches wieder aufgebrandet war, wurde es meinem Vater zu bunt. Als wir als Familie den Speisesaal betraten, saß die vermeintliche Grundschullehrerin bereits an ihrem Stammtisch. Mein Vater wählte also einen Tisch auf direktem Weg zwischen ihrem Platz und dem Buffet. Sie musste daran vorbeikommen! Und als wir alle saßen und die Frau von ihrem Tisch aufstand, um am Buffet noch einen Nachschlag Crema catalana zu holen, sagte mein Vater just in dem Moment, als sie an unserem Tisch vorbeiging, sehr, sehr laut (wie eine Drohung!) und ohne eigentlichen Sinn: ›KIESE-WETTER!‹ Das Ende vom Lied: Sie war es tatsächlich. Und hatte sich auch die ganzen Tage über schon gefragt, ob das nicht zwei ihrer Exschüler seien.«

Das also ist »Urlaubs-Déjà-vu«, das in einer schärferen Variante, als eine Art Wettspiel, von Reisenden gespielt wird, indem sie darüber sinnieren, welchen Beruf denn wohl der Tischnachbar, der wie Heinzi Herrmann aussieht, ausübe. Heinzi, so konnte ich bei der Recherche zu diesem Buch von meinem Stammkunden-fast-schon-Freund herauskitzeln, ist in der Versicherungsbranche tätig gewesen. Was der Lookalike-Heinzi-Herrmann-Spanier so machte, ob er womöglich Torero oder spanischer Geheimdienstchef war – ich weiß es nicht. Aber das Spiel kenne ich selbst auch von meinem Schalter. Manchmal frage ich mich, was mein Gegenüber wohl beruflich macht und ob es mir gelingt, anhand seiner Buchungswünsche, seines Alters und seines Wohnortes seinen Beruf zu erraten. Einmal stand ein deutscher Toppromi mit seiner damaligen Freundin an meinem Tresen und ich habe ihn überhaupt nicht erkannt. Ich war mir, ehrlich gesagt, sicher, er sei Friseur. Dass ein Popstar Last-Minute-Reisen buchen würde, kam mir gar nicht in den Sinn. Als er auch mit seiner nächsten Freundin auf die gleiche Malediveninsel wollte und mit der danach genauso, dachte ich mir: *Er mag dieses Hotel wirklich sehr, sehr gern. Er mag es vielleicht sogar noch ein wenig lieber als seine jeweilige Begleitung.*

Eines Tages stand ein schlanker, dunkelhäutiger, durchtrainierter Typ vor meinem Counter. *US-Basketballer, der bei einer deutschen Bundesligamannschaft spielt!*, war sofort mein Berufsrategedanke. Ich hielt alles andere für nur schwer möglich. »Ich brauche einen Flug nach Bombay beziehungsweise Mumbai, wie man ja korrekt sagt. Schnellstmöglich! Rückflugdatum flexibel!« Ich musste, ehrlich gesagt, schlucken, denn es war Ende November 2008 und am Vortag waren in Mumbai fast 200 Menschen durch einen Bombenanschlag getötet worden. »Da würde ich im Moment nicht hinfliegen, vielleicht haben Sie nicht von den Terroranschlägen gehört? Gestern ist eine Bombe in einem Hotel hochgegangen!« »Doch, deswegen muss ich hin!« *O. K., der Basketballprofi war also Journalist, besser: Kriegsreporter. Hamburg ist eine Medienstadt, bestimmt schrieb er für*

die Zeit *oder den* Spiegel, dachte ich. »Sie müssen beruflich dorthin *wegen* des Anschlags?« »Korrekt! Und ein Freund hat mir empfohlen, mich an Sie zu wenden, Sie machen das Unmögliche möglich. Ich habe bis vor Kurzem in Paris gelebt, da hatte ich ein Stammreisebüro, aber die sind mir eh im Laufe der Zeit zu unflexibel geworden …« »Ich check mal, was ich machen kann, der Flughafen scheint auf alle Fälle noch offen zu sein!« Beiläufig und, um ehrlich zu sein, neugierig fügte ich an: »Sie sind Kriegsreporter?« Er sah mich schockiert an: »Nein, um Gottes willen, dafür bin ich ein viel zu großer Schisser!« »Weil Sie eben sagten, Sie müssten *wegen* des Anschlags dorthin … sind Sie Terrorermittler?« Dumme Frage, wäre er einer, hätte er es mir überhaupt sagen dürfen? »Nein, nein, ich glaube auch nicht, dass ich es Ihnen sagen dürfte, wenn ich einer wäre! Aber ich bin eh keiner. Ich bin bloß so etwas wie ein Bestattungsunternehmer!« Das wiederum verschlug mir die Sprache und Sie sollten ja inzwischen bemerkt haben, dass mir kaum etwas die Sprache verschlägt.

»Sehen Sie, ich kümmere mich weltweit um die Rückholung von Menschen, die nicht in ihrer jeweiligen Heimat verstorben sind.« »Weltweit?« (Nein, das sagte ich nicht, weil ich an das Geschäft dachte, ihn von nun an mit Flügen in die ganze Welt zu versorgen – ich war wirklich noch immer konsterniert!) »Ja, weltweit. Viel in Afrika, da mein Vater aus Ghana stammt. Aber ich habe lange in Frankreich gelebt, daher geht auch viel über Paris. Wichtig ist, dass ich mich vor Ort um alles kümmere und alles für die letzte Reise organisiere …« *Die letzte Reise, Scherzkeks!*, dachte ich und bat ihn um etwas Geduld: »Ich muss da ein wenig basteln, die Airlines sind wegen des Terroranschlags gerade etwas zurückhaltend mit Mumbai-Buchungen auf die Schnelle, aber wir kriegen das schon hin …« »Ich wollte Sie nicht erschrecken, für mich ist es ein Beruf wie jeder andere. Entschuldigen Sie bitte, aber Sie wissen ja selbst, wie heikel das Thema Tod auf Reisen ist, keiner redet da gern drüber!« Das ist in der Tat wahr. Das wunderschöne Reisegeschäft soll bloß nicht darunter leiden, wenn unfassbarerweise mal irgendwo unter Palmen jemand zu Tode kommt, und selbst wenn das auf natürlichste Art und Weise passiert. Codiert sprechen Crewangehörige auf Kreuzfahrten von »kalter Abreise«, wenn ein Passagier auf einem Luxusliner das Zeitliche segnet. »Sie wissen ja wahrscheinlich, dass Fluggesellschaften ihren Mitarbeitern Verhaltensregeln mit auf den Weg geben, für den Fall, dass ein Passagier während des Fluges verstirbt. Bloß nicht aufs WC sperren, auch bitte nicht, wie früher angewiesen, in die First oder Businessclass tragen. Und auch nicht mit einer Schlafbrille verkleiden und so tun, als schliefe die Leiche nur. Kommt eh raus …« Mir wurde mulmig, als der ehemalige US-Basketballer, der bereits als Kriegsreporter und Terrorspezialist in meinem heiteren Beruferaten im Kopf tätig gewesen war, so locker über all das sprach.

»Wissen Sie, dass manche Airlines Tote, die im Frachtraum im Sarg mitfliegen, ›Hugo‹ nennen? Da heißt es dann im Briefing zum Flug: ›Hugo an Bord‹!« »Hugo?«, brachte ich zaghaft heraus. »›Human gone‹, oder im Deutschen auch

mal flapsig ›Heute unerwartet gestorbenes Objekt‹, abge-
kürzt.« Das war zu viel für mich an diesem Tag. Ich wünschte mir einen Versicherungsangestellten vor dem Schalter.
Eine Grundschullehrerin. Jemanden, dessen Beruf bei Ro-
bert Lembkes »Was bin ich?« direkt erraten worden wäre,
weil es so ein wundervoll normaler Beruf ist. Einen Heinzi
Herrmann. Eine Frau Kiesewetter. Auch wenn der Mann,
der mich gerade zum Erschaudern gebracht hatte, heute,
Jahre später, so etwas ist wie ein Stammkunde-fast-schon-
ein-Freund.

KAPITEL 9

CODE PINK

Der Hamburger Flughafen ist ja ein ganz besonderer Ort. Ich habe ihn schon während einiger Um-, An- und Ausbaustufen erlebt, so lange gibt es meine Last-Minute-Filiale dort schon. Spötter sagen, mein kleiner, pinkfarbener Schalter habe hier bereits gestanden, als der Flughafen erbaut worden ist. Diese Spötter wissen natürlich, dass der Hamburger Airport einer der ältesten Verkehrsflughäfen der Welt ist. Baujahr 1911. Da hoben hier noch Luftschiffe ab. Höhö. Mehr denn je ist so ein Flughafen natürlich eine kleine Stadt für sich. Über 15 000 Menschen arbeiten hier. Über 13 Millionen Fluggäste gibt es, von Besuchern und solchen, die hier nur mal eben schnell spät am Abend einkaufen, oder denen, die Freunde und Verwandte abholen oder bringen, ganz zu schweigen. Manchmal frage ich mich, wieso es immer wieder dazu kommt, dass so viele Freaks von diesen Millionen Menschen ausgerechnet an meinem Schalter stranden. Die Erklärung, dass ich Strandurlaub verkaufe, wäre mir da zu billig. Ich hege auch einen leisen Verdacht, dass Kolleginnen oder Kollegen, die an den Informationsposten sitzen oder irgendwo in einem der beiden Terminals an den Gepäckschaltern ihren Dienst schieben, untereinander abgesprochen haben, die ganz hoffnungslosen Fälle zu mir zu schicken: »You see the pink counter there above? Ask her! She will help you!«, oder so ähnlich mag der »Code Pink« lauten. Also im Grunde nichts anderes als: »Wenden Sie sich an die Verrückte da oben!« Gleich und Gleich gesellt sich gern. Alles klar. Das kam mir in den Sinn an einem Donnerstagabend, an dem ich eigentlich gedanklich schon bei der Abrechnung war, da nicht mehr viel los war. Eine Frau kam die Treppe herauf. Vielleicht Anfang 20. Typ Rucksacktouristin. Gepflegte Rucksacktouristin. Was dafür sprechen könnte, dass sie ihren Rucksacktourismus gerade erst starten wollte, da man ja mit zunehmender Rucksacktourismusreisedauer die Ansprüche an die eigene Körperpflege manchmal gezwungenermaßen ein wenig zurückstellen muss. Für mich wäre so etwas ja nichts. Wie sich jedoch herausstellen sollte, hatte ihre Reise bereits begonnen. Knapp 24 Stunden zuvor.

»Excuse me.« (US-Amerikanerin mit französischer Aupair-Erfahrung?)

»Yes, please, how can I help you?« (Hört sich nach einer höflichen Floskel an, ich weiß, aber nicht vergessen, was mir mein Vater schon mit auf den Berufsweg gegeben hat: Wenn du Geschäfte machen willst, musst du höflich zu den Leuten sein. Wenn du *gute* Geschäfte machen willst, musst du sie dazu auch noch ernst nehmen!)

»I am looking for the bus to Cairo!« (Erster Gedanke: ein Missverständnis. Zweiter Gedanke: Der kannst du noch prima einen Flug verkaufen. Dritter Gedanke: Mist, Kairo nicht direkt ab Hamburg. Vierter Gedanke: keine US-Amerikanerin mit Au-pair-Erfahrung in Frankreich – eher Kanadierin.)

»You need a flight to Cairo, Egypt?«

»No, no, no. I am looking for the *bus* to Cairo!« (Sie betonte das Wort »bus« so, als ob *ich* die Blöde von uns beiden sei!)

«You are looking for the *bus* to Cairo?« (Ich betonte, meinen Vater in Gedanken, das Wort so, als ob *ich* die Blöde von uns beiden sei!)

«Yes, the bus to Cairo!« (Mich nervte, dass sie das Wort »bus« jetzt gar nicht mehr betonte, so als ob von hier ein Linienbus in Ägyptens Hauptstadt fahren würde, womöglich im Zehn-Minuten-Takt.)

»You are looking for the *bus* to Cairo!« (Ich betonte das Wort »bus« jetzt doch so, als ob *sie* die Blöde von uns beiden sei! Sorry, Papa.)

»Yes, they told me you could help me?!« (Wer immer auch »they« sein mochten – denken Sie an »Code Pink« –, langsam bekam ich das Gefühl, dass hier zumindest keine Verrückte vor mir stand.)

»Cairo is a few thousand miles away from Hamburg. Of course there is no *bus* to Cairo from Hamburg. Another continent. But of course, I can check, if I can find a *flight* for you to Cairo! Did anybody tell you, you can travel by bus from Hamburg to Cairo?«

Ich kenne die Kollegen vom Infodesk, ich konnte mir nicht vorstellen, dass die Info von denen da unten kam. Ich beugte mich unauffällig über meinen Schalter, vielleicht konnte ich sie sehen, wie sie nach oben schauten und sich dabei auf die Schenkel klopften.

»My travel agent did!«, sagte sie.

»What …?« (Ich wollte tatsächlich »*Was*?« kreischen, bemerkte aber die aufkommende Verzweiflung bei meinem Gegenüber. Also wendete ich gerade noch ab:

»What … did he tell you? Where are you from?«

»I'm from Canada. North Bay. I arrived from Toronto today.«

(Ach, na klar, die Nonstop-Verbindung Toronto–Hamburg, die in den Sommermonaten jahrelang Touristen aus Deutschland nach Kanada gebracht hatte, musste ja auch immer mal den einen oder anderen Kanadier nach Deutschland geflogen haben. Die ein oder andere auch. Und eine davon stand gerade vor mir.)

»And your travel agent told you there is a bus from Hamburg to Cairo?«

»Yes, I was looking for cheap flights from Toronto to Cairo and he said: The cheapest possibility is to take the flight to Hamburg and then the bus to Cairo.«

Wissen Sie, was ich in dem Moment gedacht habe: *Typisch Reiseverkehrskaufleute! Sind doch alle gleich.* Natürlich juckt es einem in den Fingern, wenn man das Budget bei seinem Kunden ausgelotet hat, das Maximale für sich selbst herauszuholen und hart am Preislimit einen Flug zu verkaufen. Anstatt zu sagen: »Mädchen, weißt du was? Mit deinen paar Kanadischen Dollar kommst du *niemals* von Toronto nach Kairo, spar noch ein, zwei Jahre, dann kannst du deine Rucksackreise durch Ägypten angehen. Zur Not häng noch ein Au-pair-Jahr dran, Baby.« Aber findet sich ein Charterflug, dessen Hauptaufgabe es ist, viele Touristen vollbeladen aus Europa ins wunderschöne Kanada zu fliegen, der aber mit sich bringt, womöglich so manch leeren Sitz von Kanada nach Europa *zurück* frei zu haben, sodass daher für wenig Geld ein paar Last-Minute-Tickets anzubieten sind, verkauf ich eben einen Platz auf der Maschine. Sagt man also: »Hier: Toronto–Hamburg, ein Bombenpreis. Ist ja erst mal die richtige Richtung! Von da kannst du dann den Bus nehmen!«

Solche Kollegen gibt es in meiner Zunft. Klar. Und jetzt urteilen Sie bitte nicht vorschnell: »Die Amerikaner (hier sinds Kanadier) sind doch alle zu dämlich. Das hätte das Mädchen doch wohl selbst bemerken müssen, dass die Buslinie Hamburg–Kairo noch in den Kinderschuhen steckt, bei der Entfernung.«

Denn dann müssten wir den Spieß umdrehen: Stellen Sie sich vor, Sie sind ein Kunde, der an meinen Counter kommt und sagt: »Ich möchte möglichst billig nach Vancouver, Kanada!«, und ich biete Ihnen einen irrsinnig günstigen Flug von Hamburg nach Québec, Kanada, an mit den Worten: »Von da an können Sie mit dem Bus weiterfahren.«

Wüssten Sie dann sofort: »Unverschämtheit! Das sind doch über 5000 Kilometer, da komm ich ja schneller mit dem Bus von Hamburg nach Kairo«? Eben!

Ich habe das mal im Routenplaner nachgeguckt ... Wäre ein Busfahrer bereit, die Tour auf sich zu nehmen, dann könnte man mit dem Wagen entweder Richtung Sizilien gondeln und nach Tunesien übersetzen oder via Frankreich und Spanien und dann mit der Fähre von Alicante nach Algier. Auf alle Fälle gurkt man noch ziemlich lange in Nordafrika herum. Insgesamt 5700 Kilometer in 67 Stunden. Insofern stimmts schon, dann lieber Québec–Vancouver. Das sind nur 5200 Kilometer. Und was sind schon 48 Stunden im Bus, wenn man auf diese Weise Kanada mal von Ost nach West kennenlernen kann?

Ich hatte noch einen wahnsinnig günstigen Platz am Abend auf der letzten Maschine nach München. Ist ja die richtige Richtung. Kleiner Scherz. Am folgenden Morgen gab es einen wahnsinnig supergünstigen Platz auf einem Charterflieger von München nach Kairo. Die Sache hatte nur einen Haken. Als Fluggerät dieser Strecke nannte mir mein System eine Boeing. Keinen Airbus.

KAPITEL 10

JA, ICH WILL

F ür viele Menschen ist der Flughafen einer der schönsten Orte der Welt. Die Atmosphäre, die Aufgeregtheit, der Duft der großen weiten Welt. Es ist ein Ort, an dem die verschiedensten Landsleute für ein paar Stunden aufeinandertreffen. Ein internationaler Flughafen ist die ganze Welt im Kleinen. Auf 570 Hektar Fläche ist es am Hamburg Airport möglich, Asiaten, Nord- und Südamerikaner, Australier, Afrikaner und natürlich einen zusammengewürfelten Haufen an Europäern zu treffen. Nirgendwo auf der Welt werden auf engstem Raum so viele Sprachen gesprochen, nirgendwo treffen so viele Kulturen aufeinander. Und dann sind sie für diese Stunden an einem Flughafen in Deutschland plötzlich alle Europäer, wenn sie an den Tischen im Bistro sitzen und ihren Kaffee trinken, sich überteuerte Sandwiches kaufen oder einen Hamburger essen. Finden bestimmt viele cool, in Hamburg einen Hamburger zu essen. Ich beobachte sie dann, wenn sie die Abschieds- und Willkommensfotos machen, den startenden und landenden Flugzeugen mit den Blicken folgen, wenn Kinderaugen staunen und Papis erklären, wie es möglich ist, dass sich tonnenweise Stahl und Aluminium in die Luft erheben. Na ja, sagen wir lieber mal, wenn sie versuchen, es zu erklären …

Und dann sind da all die Menschen von den Überseeflügen, die die Nacht gefangen auf einem engen Sitz zugebracht haben. Schon Stunden vor dem Landeanflug wussten sie nicht mehr, wo sie ihre Beine lassen sollten. Jede Körperhaltung tat am Ende weh und das sieht man ihnen an, wenn sie übermüdet die Halle betreten, wenn sie mit Rasierzeug oder Schminkkoffern auf die WCs verschwinden und versuchen, sich so gut es geht wieder in Form zu bringen. Sie schlafen auf Sitzbänken in den Abflugterminals, die Beine angezogen, unter die Füße mit den Schuhen haben sie aus Anstand womöglich eine Zeitung gelegt, damit sich bloß niemand beschwert und die wenigen Minuten Schlaf stört. Die Hand haben sie schlaff auf die Koffer gelegt, man weiß ja nie. Andere reisen in Jogginganzügen und mit Flipflops, die Erfahrenen, die wissen, dass die Füße anschwellen. Und natürlich sind da die Geschäftsleute mit ihren Rollkoffern und Smartphones. Das E-Ticket mit dem beliebten Gangplatz haben sie schon parat, damit sie den lästigen Flug, diese Stunde der Unerreichbarkeit, so kurz wie möglich halten, denn die Welt braucht sie. Familien mit Kindern und Gepäckkoffern stehen in langen Reihen vor den Check-in-Schaltern. Andere lassen Fragen wie »Was wollen Sie denn in den Vereinigten Staaten von Amerika eigentlich genau?« oder »Gehörten Sie jemals einer kommunistischen Partei an?« über sich ergehen.

Menschen aus aller Herren Länder sind auf dem Weg in aller Herren Länder, der erste Teil der Reise bringt sie erst einmal nach Frankfurt, wo sie dann ihre Anschlussflüge bekommen müssen. Stahlkoffer, Rollkoffer, Kisten und Pakete, Kanus, Ruder, Angeln, teures Fotoequipment, Katzen und Hunde: Alles muss mit. Dagegen ist der Backpacker, dessen Leben für die nächsten vier Wochen in einen Rucksack passt, gut bedient. Gemeinsam teilen sie dann die Zeremonie am Check-in, wenn sie ihr Hab und Gut auf das Rollband legen und ängstlich auf die Digitalanzeigen an den Schaltern schauen und erleichtert aufatmen, wenn sie unter 30 oder heute ja sogar vermehrt 20 Kilo bleiben.

Ich könnte diesem Treiben stundenlang zuschauen. Auch nach 25 Jahren am Flughafen hat dieser Ort nichts von seiner Magie, von seiner Atmosphäre eingebüßt. Jeden Tag, wenn ich den Terminal betrete, atme ich durch, atme die Luft der großen weiten Welt ein. Dies ist der Platz, an dem ich sein möchte, hier bin ich glücklich, hier will ich leben. Und das tue ich jetzt seit über zwei Jahrzehnten. Ich habe meinen Platz gefunden und vielleicht halten Sie mich für verrückt. Vielleicht gehören Sie zu den Leuten, die das lästige Einchecken und Gewarte auf die nächste Maschine nicht mögen. Aber dann schauen sie sich doch mal um, es gibt immer etwas Spannendes zu sehen.

Ich bin natürlich nicht die Einzige, die den Ort Flughafen so sehr liebt. Es gibt noch mehr. Die Kollegen in den Restaurants, bei der

Abfertigung, die Zeitschriftenhändler, der Zoll, das Bodenpersonal, Stewardessen und Flugkapitäne, ja, sogar das Reinigungspersonal, überall werden Sie Menschen finden, die genau hier und nirgendwo anders arbeiten wollen.

Sylvia von der Bundespolizei ist so eine von ihnen. Ich kenne sie seit über 15 Jahren, wir trinken heute noch oft einen Kaffee zusammen und sie kam eines Tages an meinen Schalter. Es war gerade nicht viel los, wir plauderten ein bisschen, aber ich merkte, dass sie etwas auf dem Herzen hatte. Es entstand eine Pause, wir beobachteten beide die Flugreisenden im Terminal, da sagte sie plötzlich:

»Ich will heiraten.«

Ich gratulierte ihr und freute mich für sie. Ihr Freund Horst arbeitet ebenfalls bei der Bundespolizei, damals hieß es noch Bundesgrenzschutz oder BGS, sie sind ein tolles Paar.

»Und du spielst bei meinem Antrag eine Rolle«, sagte sie und dabei schaute sie mich vielsagend an.

»Ich? Was soll ich denn da machen? Soll ich deinen Mann vorher mal ausprobieren?« Sie wusste, wie ich es meinte. Aber wie ausgearbeitet ihr Plan bereits war, überraschte mich dann doch: Sylvia plante eine Schnitzeljagd. Quer über den Flughafen. 20 Stationen sollte Horst anlaufen. Bei der Freundin beim Friseur musste er sich die Haare schneiden lassen, dann würde es zum Gepäckschalter gehen, an dem er Koffer von Reisenden auf die Laufbänder hieven sollte, dann eine Stunde die nervenaufreibende Tätigkeit übernehmen, den vorbeiströmenden Menschen Kreditkarten anzudrehen, und vor dem Gebäude sollte er Taxitüren öffnen und Koffer in die Halle rollen. Am Ende, nach einem wirklich harten Tag, würde er bei mir landen. Am Schalter. Ich sollte der letzte Punkt bei der Schnitzeljagd sein. Es war ein Samstag und ich sollte dafür sorgen, dass er in meinem Backoffice seine modische Jogginghose gegen einen Anzug eintauscht. Außerdem sollte er einen Strauß Blumen von mir bekommen. Dann würden wir uns durch die Sicherheitskontrolle auf die Abflugebene begeben und dort wartete dann der Standesbeamte auf ihn. In einem Häuschen der Passkontrolle – wenn das mal nicht originell war! Und nicht nur, dass ich Teil des Finales sein sollte, Sylvia wusste, wie gut vernetzt ich am Airport war. Ich sollte sozusagen auch das Organisationskomitee leiten.

Es hat mich tagelanges Telefonieren und Überreden gekostet, bis wir alle Genehmigungen beisammenhatten und das gesamte Flughafenpersonal eingeweiht war. Am Ende wusste wirklich jeder außer Horst Bescheid und alle waren irgendwie angespannt, so als würden sie selbst den Antrag machen. Ein schöner Nebeneffekt war natürlich, dass Sylvia und ich, nachdem sie mich in ihren Plan eingeweiht hatte, zusammen an meinem Schalter nach Hochzeitsreisen Ausschau halten konnten. Ich buchte Lanzarote. 5-Sterne-Hotel, HP, Luxus pur. Ich organisierte einen Riesengeschenkkorb und packte alle möglichen spanischen Artikel, die ich finden konnte, in Geschenkpapier ein und legte sie in den Korb. Meerwasser, Vulkansand, spanischen Wein, einen Reiseführer. Jeden Tag hatte ich noch neue Ideen für spanische Produkte, die Hinweise liefern könnten. Das Geschenk war das Finale, er sollte erraten, wo es hingeht. Am Vorabend des besagten Tages brachte mir Sylvia den Anzug und die Blumen vorbei, sie zitterte vor Aufregung und Vorfreude.

Dann kam der Tag der Schnitzeljagd. Vollkommen abgehetzt erschien Horst an meinem Schalter. Einen schicken Kurzhaarschnitt trug er und irgendwo hatte er sich parfümiert, er duftete fantastisch. Vielleicht ein paar Gerüche zu viel auf einmal, aber man sollte bei einem Mann ja nicht zu kritisch sein.

»Hier ist die letzte Station, steht auf meinem Zettel. Was soll ich machen?«

»Eine letzte Station?«, fragte ich und setzte das Gesicht auf, das ich benutze, wenn ich nachdenke oder einem Kunden einen unmöglichen Wunsch ermöglichen soll, wie ein Upgrade im 6-Sterne-Hotel.

»Ach ja, natürlich, ich hätte es fast vergessen«, ich spielte die Schnitzeljagd herunter, so als sei sie nichts Besonderes, als hätte er sich die letzten Stunden nur so zum Spaß abgequält.

»Ihr macht da ja so eine Dorfrallye. Du musst jetzt zu mir ins Büro kommen und diesen Anzug anziehen. Und hast du deinen Sicherheitsausweis dabei?«

»Ja«, sagte er. »Gut, den brauchst du, denn es wartet oben noch eine weitere Aufgabe auf dich.«

Ich glaube, er dachte, er müsse im Anzug Müllsäcke heruntertragen.

»Du hast ab jetzt fünf Minuten Zeit.«

Der arme Horst war ohnehin schon geschafft von der Rallye. Er sprang in den Anzug, im Laufen rückte ich seine Krawatte zurecht. Dann joggten wir durch die Sicherheitskontrolle und rauf auf die Pier. Dann erblickte er den Counter und dahinter seine ganze Familie, seine Kollegen von der Bundespolizei, die Familie von Sylvia. Da trat Sylvia hervor, nahm ihn in den Arm und fragte ihn:

»Horst! Willst du mich heiraten? JETZT SOFORT?« Die Gesichter der Gäste rund um den Schalter waren angespannt, einige Paare nahmen sich an die Hand. Sie hatten Blumen dabei, ihre Besucherpässe hingen ihnen um den Hals. Horst begann zu weinen vor Rührung. Dann begann ich zu heulen, dann Sylvia, die Familien und sogar die toughen Kerle der Bundespolizei. Dieser schnöde Passkontrollschalter wurde plötzlich zu einer Art Hollywoodkulisse, vor der Tom Hanks zu Meg Ryan einen Satz sagen würde wie: »Der Schnee mit dir ist immer ein bisschen weißer.« Nur die anschwellenden Geigenklänge fehlten noch. Ich wusste, dass ich etwas vergessen hatte.

Dann wurden sie getraut. Am Passkontrollschalter. Das Einzige, was sie wie alle Reisenden taten, die hier vorbeikommen, war, dass sie ihren Personalausweis durch den Schlitz am Passhäuschen reichten. Ansonsten war dieser Ort plötzlich der romantischste der Welt.

Und dann kam die letzte Überraschung. Ich stellte den großen Korb auf den Zolltisch und Horst musste ein Paket

nach dem anderen auspacken. Bis er verstand, dass sie in wenigen Stunden nach Lanzarote fliegen würden.

Mir hat der hektische Ort Flughafen an diesem Tag noch eine neue Seite gezeigt, eine romantisch schöne, eine, zu der man einen Flughafen auch machen kann. Die Vorbereitungen hatten mich viel Überredungskunst und Überzeugungsarbeit gekostet. Ich musste die Sicherheitsausweise für jeden Gast besorgen, sie alle mussten ohne Flugtickets durch die Sicherheitsschleuse, sogar der Standesbeamte. Heute, nach 9/11, ist das nicht mehr möglich und so blieb es eine der ganz wenigen und vor allem die erste Hochzeit jenseits der Sicherheitsschleuse, die der Hamburger Flughafen erlebt hat. Inzwischen werden Hochzeiten offiziell am Flughafen abgehalten, aber *vor* der Sicherheitsschleuse. Einen Pastor und sogar eine Moschee gibt es, doch damals noch nicht. Es waren die 90er-Jahre.

Als ich Sylvia und Horst nach der Trauung ansah, mit Tränen des Glücks in den Augen, und sie sagten, es hätte keinen schöneren Ort für diesen besonderen Moment geben können, habe ich ihnen beigepflichtet.

Bis heute sind sie übrigens noch immer ein glückliches Paar. Und das Beste wie immer am Schluss: Die Reise nach Lanzarote hat ihnen gefallen und sie kommen jedes Jahr wieder und buchen bei mir, an meinem pinkfarbenen Schalter. An dem schönsten Ort der Welt.

KAPITEL 11

BROT
MACHT ERFINDERISCH

Ich selbst wäre vielleicht mein schlechtester Kunde. Meine Reiselust hält sich nämlich in Grenzen. Nicht dass ich andere Länder, andere Sitten, andere Strände und andere Kulturen nicht gern kennenlerne, ich behaupte, ich kenne sie besser als so mancher, der auf seiner Miles-and-more-Karte die 500 000-Meilen-Grenze überschritten hat, da mein Sightseeing, angetrieben von meinem Wissen über Länder und Leute, in meinem Kopf stattfindet. Nein, es ist eher so, dass jede Reise, die ich unternehme, mit sich bringt, dass ich nicht an meinem Schalter sein kann. Und wenn ich nicht an meinem geliebten Schalter sein kann, kann ich auch kein Geld verdienen. Selbstverständlich habe ich die besten Mitarbeiter der Welt, wer hat die nicht? (Nur, wenn die wirklich jeder hat, der das behauptet, hoffe ich bloß, dass meine nicht auch für andere arbeiten.) Seit meine Schwester mit mir zusammenarbeitet und mir immer wieder sagt, dass ich auf mich aufpassen muss und man doch auch ruhig mal seinen Mitarbeitern vertrauen kann, zum Beispiel ihr selbst, fühle ich mich auch nicht mehr ganz so als Verräterin, wenn ich vom Flughafen aufbreche, um Feierabend zu machen. Was heißt schon Feierabend? Feierabend heißt bei mir meistens, dass ich zu meiner Filiale auf der Reeperbahn fahre. Da kann man den Abend so herrlich ausklingen lassen. Noch ein paar Tickets vor Mitternacht zu verkaufen, das ist meine Gute-Nacht-Geschichte, Betthupferl und Absacker in einem. Ich schweife ab, ich wollte ja eigentlich erzählen, dass ich selbst möglichst wenig Urlaub mache. »Wenn du deine Kasse verlässt, kannst du sie nicht füllen. Wenn du deine Kasse lange verlässt, rostet sie ein!«, sagt mein Vater heute noch und ich bin mir manchmal nicht sicher, ob erst mein Verhalten ihn auf diese weisen Worte gebracht hat oder ob sie vorher schon da gewesen waren und ich sie so verinnerlicht habe. Und es ist ja auch nicht so, dass ich die Träume, die ich verkaufe, nicht selbst zuvor kennengelernt habe. Sonst hätte ich auch nicht so ein verzweigtes Netz an Kontakten, Bekanntschaften, Kollegialitäten innerhalb der großen Tourismusbranche. Ich vermeide das Wort Freundschaften in dieser Aufzählung, weil es schwer ist, bestens befreundet zu sein, wenn man aneinander verdienen will. Würde ich einen guten Freund, wenn mir dessen Freundschaft denn wichtig ist, in ein Traumhotel auf Sri Lanka schicken, wenn er nach der Landung in Colombo noch vier Stunden auf buckeligen Pisten in einem schlecht gefederten Kleinbus unterwegs sein wird und ich weiß, dass ihm schon auf der A1 zwischen Hamburg und Lübeck auf dem Rücksitz speiübel wird? Wird ihm das Traumhotel oder der alb-

traumhafte Transfer in sengender Hitze in Erinnerung bleiben, wenn er zurückkehrt? Und ein ähnliches Beispiel umgekehrt: Würde mich ein Hoteldirektor als Freund anrufen und sagen: »He, Maryam, bitte schick mir keine deiner Kunden mehr, die Baustelle nebenan ist nicht nur laut, sie wirbelt auch Staub auf wegen der Dampfhammer, die die Stahlpfeiler mit der Lautstärke eines startenden Jumbos 20 Meter tief in die Erde treiben. Ach ja: Und wegen des Baus ist die Straße zum nächsten Fischerort komplett gesperrt, der Umweg beträgt 17 Kilometer! Sag deinen Kunden bitte, dass sie wegen der mit überhöhter Geschwindigkeit fahrenden Betonlaster aber ihr Leben riskieren. Also bitte, Maryam, schick mir keine Kunden mehr!«?

So ein Hoteldirektor also, den ich sehr schätze, der meine Kunden verdammt gern in seinem Hotel wohnen hat, der ein guter Geschäftskollege ist und *kein* Freund, rief eines Tages direkt am Schalter an. 0034 und eine Menge mehr Ziffern dahinter zeigte mein Schaltertelefon an. Das Problem: Wenige Zentimeter von meinem Schaltertelefon entfernt standen Kunden vor dem Tresen, nicht gerade wenige. Und am Schalter saß nur ich. Zu wenig. »L'tur, Maryam, kleinen Moment bitte!«, sagte ich nur kurz, da ich gerade Bargeld für fünf Düsseldorf-Izmir-Tickets über den Tresen gereicht bekam und nicht unhöflich sein wollte. Zumindest nicht dem freundlichen türkischen Familienvater gegenüber, der diese gerade bei mir gebucht hatte und der froh wirkte, von dem Geldbündel befreit worden zu sein. Zu zweit zählten wir zweimal nach und neben 24 Euro Rückgeld und den Tickets schickte ich ihm noch ein Lächeln über den Tresen, das nicht nur, aber vor allem langjährige Stammkunden von mir bekommen. Die Kundin nach ihm ergriff dann auch sofort die Initiative, bevor ich wieder zum Hörer greifen konnte, und fragte mich nach empfohlenen Impfungen für den Fall, dass sie sich für die Keniareise interessieren würde. (Will man einer von 100 000 Malariafällen pro Jahr in Kenia sein? Die Sicherheitsdienste mögen vieles von den Hotelanlagen fernhalten, Mücken jedoch eher in Ausnahmefällen. Wobei sie immer effektiver werden ...) Es gibt so Gespräche, die verlangen eine sorgfältige Beratung, und ehe ich die Dame und das Viersternehotel am Diani Beach miteinander zu einer 14-tägigen Gemeinschaft verschweißt hatte, griff ich noch einmal zum Hörer. »L'tur, Maryam, was kann ich für Sie tun?«, fragte ich in den Hörer. »Gelbfieber ist nicht vorgeschrieben, aber empfehlenswert ...«, sagte ich über den Tresen. »Maryam, Tom hier vom XXX-Hotel in Jandía!« Das XXX-Hotel in Jandía, Fuerteventura, ist ein besonderes Hotel. Ein besonders schönes. Und ganz besonders ist, dass man sich dort als Pauschalreisender im Vorwege entscheiden kann, wie man verpflegt werden möchte: nur Frühstück (ÜF), Frühstück und ein Hauptessen, wahlweise mittags oder abends (HP), Frühstück mit Mittag- und Abendessen (VP) oder Frühstück mit Mittag-, Abendessen und allen Snacks und Getränken, die zwischen diesen reichhaltigen Buffetmengen noch in den Magen eines Mitteleuropäers passen. (Ich habe im Laufe der Jahre gelernt, dass, wenn es um Hotelbuffets geht, die anatomischen Gegebenheiten des menschlichen Magens außer Kraft gesetzt zu sein scheinen und offensichtlich auch die Gabe, Hunger realistisch einzuschätzen, wenn die Nahrungsmittel in sehr großen Mengen auf dem Teller landen, obwohl sie rein geschmacklich nichts miteinander zu tun haben.)

Das nennt sich dann, richtig, AI. Manchmal, das ist ein weiteres Puzzleteil im unergründlichen Vorteilskosmos des Last-Minute-Reisens, haben wir die Möglichkeit, solche Hotels für wirklich wenig Geld im AI-Modus anzubieten. Das, was viele Menschen an All-inclusive-Tourismus nicht so schätzen, den Fress- und Trinkirrsinn, ist in diesem Hotel auf Fuerteventura nicht sehr häufig zu erleben, da der AI-Aufpreis für Otto Normalbucher recht üppig ausfällt. »Tom, mein Schatz, was kann ich denn für dich tun? Schick ich dir nicht genug Menschen in deine feine Bude?« Tom ist im Übrigen Deutscher. Ein deutscher Hoteldirektor in einem spanischen Strandhotel. Deutsche Hoteldirektoren sind weltweit in etwa so selten wie dreiblättrige Kleeblätter. Wenn man überlegt, dass Schweizer und Österreicher in der Hotellerie auch ganz gern das Wort »Managing Director« auf ihrer Visitenkarte stehen haben, fragt man sich nicht mehr, wieso weltweit in allen Teilen der Erde gilt: »Man spricht Deutsch«! Sie sind einfach überall. »Maryam, ich muss mit dir sprechen ...!« »Machst du doch schon, mein Lieber! Was hast du auf dem Herzen?« Ehrlich gesagt war mir nicht genau klar, was ihn dazu bewogen haben konnte, mich direkt am Schalter anzurufen, die Zentrale musste ihm meine vertrauliche Durchwahl gegeben haben. »Maryam, ich habe schon mit Baden-Baden gesprochen, die Kollegen haben mir geraten, dich direkt anzurufen ...« »Worum gehts denn, Tommy?« (Kennen Sie diesen Monty-Python-Sketch, in dem

John Cleese einen Talkshowmoderator spielt, der einen berühmten Filmstar zu Gast im Studio hat, den er am Anfang noch vollkommen korrekt mit »Sir Edward« anredet, dann immer burschikoser wird, ihn erst »Edward« – »Ich darf Sie doch Edward nennen?« »Klar dürfen Sie das!« –, dann Ted – »Ich darf Sie doch Ted nennen?« »Natürlich, meine Freunde nennen mich alle so«? Irgendwann nennt er ihn Eddybaby und Sir Edward protestiert lauthals, woraufhin John Cleese ihn erst Schnautzelbärchen und dann Franny nennt, was sein Gegenüber überhaupt nicht begreift. Ich musste an diesen Sketch denken, da ich Tom zwar sonderlich gut schätze, aber nicht sonderlich gut kannte, mein Vater aber schon immer zu sagen pflegte: »Der, den du als Vertrauten behandelst, kann dir nur schwer misstrauen!«) »Mary …« (Kannte er den Monty-Python-Sketch etwa auch?) »Ich wollte dich nur vorwarnen, weil ich nicht mehr weiterweiß! Ich hab schon mit Baden-Baden darüber gesprochen …« »W-o-r-ü-b-e-r, Tommy?« »Maryam, ich plane, heute noch Gäste, die über dich gekommen sind, aus dem Hotel zu schmeißen!« (ALARM, ALARM! Das ist in vielerlei Hinsicht so selten, wie es nicht gut ist! Sind es Stammgäste, ist es nicht gut für mich, da ich sie als Stammgäste womöglich verlieren werde. Oder es ist etwas Gravierendes, das die Gäste angestellt haben, dann ist es nicht gut für mich, denn der Direktor eines super Vertragshotels hat keine Lust mehr auf von mir vermittelte Gäste.) »Du möchtest WAS?« Meine Kunden sind ja auch alle irgendwie meine Babys, ein wenig Muttergefühle schwingen da immer mit! »Es tut mir leid, Ma, du denkst jetzt vielleicht, ich reagiere über, aber weißt du, *die* haben einfach übertrieben!« »Womit?« (Mir lag »Schnautzelbär-chen« auf der Zunge.)

Daraufhin erzählte mir Tom, der deutsche Hoteldirek-tor eines wunderschönen Hotels auf der sonnigen Kanaren-insel Fuerteventura, folgende Geschichte:

Familie S. aus H. hatte bei mir für zwei Erwachsene und zwei Kinder zwei Wochen HP in dem besagten Hotel auf Fuerteventura gebucht. Sie waren keine Stammkunden von mir und ehrlicherweise erinnerte ich mich auch nicht son-derlich gut an die Buchung. Familie S., beziehungsweise die *adults* der Familie S., also die Eltern, hatten schnell he-rausgefunden, dass dieses Hotel mit seinem Service wirk-lich gästeorientiert arbeitet. Seeeehr gästeorientiert. Als sie, obwohl sie ja nur Halbpension gebucht hatten, bereits am ersten Urlaubstag bemerkt hatten, dass auf ihre freundliche Anfrage an der Rezeption, ob es wohl möglich sei, für einen bevorstehenden Ausflug ein Lunchpaket zu bekommen – ach, i wo!, sie waren ja zu viert – also vier Lunchpakete zu bekommen, die Mitarbeiterin, alle Augen zudrückend, weil mittags ja eigentlich keine Verpflegung mitgebucht worden war, ohne Nachfrage vier Lunchboxen organisierte, mit je zwei Sandwiches, Obst, Getränken, einem Joghurt und noch einem Schokoriegel, schien diese Familie Lunte gero-chen zu haben. Denn am zweiten Tag kamen Sie wieder und wieder fielen die Schlüsselworte »Ausflug« und »Lunchbox«. Tag drei und vier: dasselbe Spiel. »Weißt du, Maryam, wie viele Ausflugsziele wir hier auf der Insel haben?« (Nichts ge-gen Fuerteventura, aber das ist natürlich eine hinterlistige Frage.) »Na ja, vielleicht sind sie mit der Fähre rüber nach

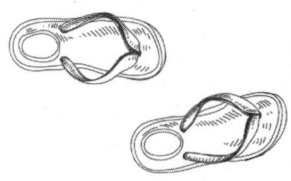

Lanzarote gefahren? Dann gäbe es eines mehr …« So schön Fuerteventura ist, es ist in erster Linie eine Strand- und Surferinsel. Weder vergessene Weltwunder der Antike noch verschneite Bergpässe wie auf der Nachbarinsel Teneriffa befinden sich hier. Natürlich gibt es Ausflugsmöglichkeiten. »Aber am sechsten Tag in Folge sind wir misstrauisch geworden!« Ich schätze diese alte Garde an Hoteliers, die, bevor sie einem Gast einen Wunsch abschlagen, selbst vor Scham im Boden versinken würde, wirklich sehr. »Am achten Tag habe ich bei der Familie nachgefragt, was denn auf dem Plan stehe (›Wir haben uns Whalewatching vorgenommen‹), und am zehnten Tag habe ich beschlossen, einen Kollegen vom Empfang mal unauffällig nachprüfen zu lassen, welcher Ausflug als Nächstes anstand …« »Was heißt das, du hast *nachprüfen* lassen?« »Na ja, der Kollege hat die Familie heimlich verfolgt!« »WAS? Ihr seid doch nicht Columbo oder Derrick?!« »Das stimmt schon, aber irgendwie kam uns das Ganze dann doch seltsam vor …« »Und was hat die ›Spezialeinheit Lunchbox‹ herausgefunden?« »Sie haben regelrecht ein Geschäft aufgebaut!« »Was, Tommy?« »Na, sie sind mit ihren Lunchboxen zu den Backpackersurfern an die großen Strände südlich von El Cotillo gefahren und haben dort einen Sandwich-drinks-and-more-Stand aufgebaut! Es war genau geplant, sie wussten,

115

dass es in der Bucht nicht einmal einen Kiosk gibt. Sie haben das Sandwich für vier Euro verkauft, den Rest kaum günstiger!« Die Kauffrau in mir begann umgehend zu rechnen: 8 Sandwiches à 4 Euro (32,–) plus 8 Euro für 4 Äpfel oder Bananen (40,–) plus 8 Flaschen Wasser à 2 Euro 50 (60,–) plus 4 Schokoriegel, die sie für 2 Euro das Stück angeboten hatten (68,–). Zehn Tage ging das nun schon so (= 680,–) und für die zwei Wochen hatten die Vier bei mir 800 Euro pro Erwachsener und 550 Euro pro Kind bezahlt. Ein Kind war also zu diesem Zeitpunkt bereits umsonst in diesem wundervollen Hotel mit dem deutschen Hoteldirektor auf der sonnigen Insel Fuerteventura, auf der es Strände gibt, an denen sich eine Menge Surfer herumtreiben, aber eben keine Kioskbesitzer.

Die Kauffrau in mir und die Löwenmutter über eine Heerschar von Kunden antworteten zeitgleich mit ein und derselben Zunge: »Dafür kannst du sie doch nicht rausschmeißen, Tom, was gibt denn das für ein Bild ab? Ich hoffe, das hast du in Baden-Baden noch nicht erzählt …« »Nein, Maryam, das wollte ich doch erst einmal mit dir klären!« »Richtig so, Schätzchen, du willst doch wohl meine Kunden nicht vergraulen?« »Aber sie haben noch drei Tage! Was, wenn sie morgen wieder fragen?« »Ich bitte dich, wegen dieses Services in deinem Haus schicke ich die Leute doch zu dir! Sonst kann ich sie ja gleich zu Stefan nach Corralejo vermitteln!« (Obwohl auch Stefan als Deutscher ein Hotel auf Fuerteventura leitet, mögen die beiden sich nur so halbwegs. Die »German Managing Hotel Director«-Community hat eben das Wort »Konkurrenz« nicht unter

»belebt das Geschäft«, sondern unter »ist furchtbarer Mist!« abgespeichert.)

»Vielleicht hast du recht, Mary, vielleicht habe ich überreagiert!«

»Vielleicht solltest du sie bei ihrer Abreise in drei Tagen um Entschuldigung bitten für die Unannehmlichkeiten, dass ihr überhaupt Nachfragen gestellt habt. Und wenn du ihnen den Abschiedscocktail erst ausgibst, wenn der Bus schon bei dir in der Einfahrt steht, dann, denke ich, werden sie ihn nicht mehr verkaufen können. Es sei denn, an den Busfahrer!« Wir mussten beide lachen.

Wenn die wieder an meinen Schalter kommen, um eine Reise zu buchen, werde ich den Kaffee, den ich ihnen anbiete, berechnen. Vielleicht bekommen sie noch einen Keks dazu.

KAPITEL 12

FAMILIENBANDE

Ich bin Ihnen ja nun hinlänglich in diesem Buch damit auf den Keks gegangen, was mein Vater, der ehemalige Teppichhändler aus Teheran, mir an kaufmännischen Lebensweisheiten mitgegeben hat. Mein Vater war und ist ein Vorbild für mich und wird immer ein Vorbild für mich sein. Für seine Familie die Heimat hinter sich zu lassen, Tausende strapaziöse Kilometer auf schlaglochdurchsiebten, staubigen, von Halunken belauerten Auswanderwegen in Kauf zu nehmen, damit es seiner Frau, seinen Kindern, den zu diesem Zeitpunkt womöglich schon in seinem Kopf herumgeisternden weiteren Kindern, ja, aber auch ihm selbst besser geht als bis zu dem Zeitpunkt in seiner, unserer, meiner Heimat: Respekt. »Versuche zurückzuzahlen, wann immer du etwas übrig hast« ist eine Leitlinie, die ich Zeit meines beruflichen Lebens an meinen pinkfarbenen kleinen Arbeitsplätzen versucht habe umzusetzen. Man kann das ja im übertragenen wie im wörtlichen Sinne tun. Die Unterstützung meiner Eltern endete nicht an dem Tag, als sie einen Platz in einer Hamburger Schule für mich gefunden hatten. Sie endete nie. Und wenn ich meine Eltern nenne, muss und möchte ich zwangsläufig meine gesamte Familie nennen. Ohne meine Oma, von ihr war ja schon früher in diesem Buch die Rede, hätten womöglich unzählige L'tur-Kunden meiner Anfangsphase ihre Flüge verpasst oder ich hätte noch mehr arbeiten müssen, damit sie an ihre Ziele kommen konnten. Denn am Anfang, in der Vor-Internet- und Vor-ich-druck-mir-mal-mein-Ticket-selbst-aus-bzw.-lasse-es-als-QR-Code-auf-mein-Smartphone-senden-Ära, da hatten Flugtickets und Reisedokumente auch wie hoch-amtliche Dokumente auszusehen. Für die Idee, die Bordkar-te am heimischen Personal Computer selbst auszudrucken, wäre man entweder für verrückt erklärt oder als menschen-schmuggelnder Schleuser abgestempelt worden. Eine Rei-se mit L'tur und jedem anderen Veranstalter konnte nur für den beginnen, der Vouchers und kohlepapierblasse Durch-schläge sein Eigen nannte. Ein Ticket, das einem erlaubte, an einem Schalter einzuchecken, musste einen Magnetstreifen haben, es war aus Pappe, es besaß womöglich fälschungssi-chere Grafiken, Ornamente oder anderen Firlefanz, der ei-nen als Reisenden beeindruckte. Und, ganz wichtig, all die-se Dokumente hatten spezielle Papierformate, weitab von tintenstrahldruckerkonformen DIN-A4-Größen, auf de-nen heute gedruckt wird, was die Tintenpatrone hergibt.

Und an dieser Stelle also kommt einmal wieder meine geliebte Oma ins Spiel. All diese Tickets und Vouchers in ihren besonderen Ticket- und Vouchergrößen hatten Deck-blätter und Umschläge in L'tur-CI, also Corporate Identity, was nichts anderes heißt, als dass man diese amtlichen und weltweit gültigen Dokumente mit den pinkfarbenen Pappen und Umschlägen mit typischen L'tur-Sprüchen versah. Die Verpackungspappen bekamen wir von der Zentrale, und weil die in der Zentrale ja auch noch nie doof gewesen sind, kamen wir an die schon immer möglichst pflegeleicht heran. Zumindest pflegeleicht für die Zentrale. Wir in den Filialen mussten diese Pappen dann immer noch form- und normgerecht von einem Tickethüllenfolder mit Bestellnummer 4138-BB, in Pink, mit Aufdruck »Nix wie weg!«, zu Tickethüllen falten. Und da mein Spaß an Origami genauso groß ist wie der an Hammerwerfen oder Stabhochsprung, hat meine großartige Großmutter das am Anfang für mich übernommen, sie faltete, was das Zeug hielt. Sie heuchelte dabei sogar noch Spaß vor, damit ich kein schlechtes Gewissen bekam, wenn ich sie da im Backoffice bei den Faltarbeiten sah. »Andere Omas stricken für ihre Enkel, ich bastle halt …«, sagte sie einmal lächelnd zu mir. Ihre Liebe zu mir war stärker als die Verärgerung über das Papiergefalte.

Dann ist da noch meine Mutter. Sie gibt mir so viel Rückhalt allein dadurch, dass ich weiß, dass sie rund um die Uhr für mich da ist. Ich sie jederzeit anrufen kann und fragen kann, wie ich das eigentlich alles schaffen soll, was ich zu schaffen gedenke. Mein Vater hilft nicht nur mit seinen Berufs- und Lebensweisheiten, er ist sich auch für so etwas Profanes wie das Ausfahren von Tickets durch die Stadt nicht zu schade. Im Gegenteil. Besonderen Kunden hat er schon früher die Perserteppiche nach Hause gebracht, sie in den feinen Stuben ausgerollt und, stolz auf seine Ware, mit dem neuen Besitzer ein Gespräch über die einzigartige Wirkung des erworbenen Stücks begonnen. Ich denke, wenn er dem ein oder anderen meiner Stammkunden ein Ticket Düsseldorf–Miami in die Hand drückt, wird er sagen: »Ich finde, Sie passen mit Ihrer offenen Art und Ihrem Verständnis für moderne Kunst ausgezeichnet nach Miami. Denken Sie daran, übernächste Woche startet die Art Basel vor Ort!« Und ohne meinen anderen Geschwistern zu nahe treten zu wollen, ihr wisst, wie sehr ich euch liebe und brauche, muss ich Ihnen an dieser Stelle einmal von meiner Schwester Monica, Moni, erzählen. Seit fast der Hälfte meiner L'tur-Zeit arbeitet sie mit mir und für mich am Schalter, die Verkaufsgene der Familie kommen so doppelt dosiert zum Kunden. Mir wird ja sehr oft vorgeworfen, mal bewundernd, mal bemitleidend, dass ich mit meinem Rund-um-die-Uhr-an-die-Arbeit-Denken und Fast-rund-um-die-Uhr-auch-tatsächlich-Arbeiten Unglaubliches leiste. 16-Stunden-Tage (bzw. -Nächte) und drei bis vier Stunden Schlaf irgendwo dazwischen sind schon (plemplem) eine Leistung. Wissen Sie was: Es ist nichts gegen die Leistung meiner Schwester. Im Gegensatz zu mir und meinen beiden Kindern »Sama« (Schalter am Airport) und »Sadism« (Schalter auf der irrsinnig sündigen Meile) hat Moni drei viel wundervollere Kinder. Die jüngeren zwei der drei sind Zwillinge, was die Sache nicht weniger anstrengend macht. Moni ist alleinerziehend. Was die Sache nicht weniger anstrengend macht. Wenn ich den Kiez verlasse, um für ein paar Stunden nach Hause ins Bett zu gehen, dann fahre ich auch nach Hause und da warten keine großen Aufgaben mehr auf mich. Wenn Moni am Schalter Feierabend macht, beginnt seit über zehn Jahren der zweite Fulltime-Job. Und dass genau diesen Umstand ihr früherer Arbeitgeber nicht begriffen hat, sondern noch höhnisch spottend »Haben Sie es gut mit Ihrem frühen Feierabend!« gewünscht hat, hat dazu geführt, dass wir nun schon so lange zusammenarbeiten. Wenn ich eines mit Sicherheit weiß, dann dass ich es Moni zu verdanken habe, dass ich überhaupt noch in der Lage bin, meinen Job so zu machen, wie ich ihn mache. Ein Schutzengel ist eine Witzfigur gegen Moni. Sie ist Schutzengel, Schwester, Freundin, Bodyguard, Türsteher, Arschtreter und typische Teppichhändlertochter mit dem Gen zum Verkaufen in einer Person. Sie selbst würde sagen, sie sei nicht halbwegs so durchgeknallt wie ich, ich würde sagen, ich erzähle Ihnen mal eine Geschichte, wieso ich glaube, dass sie damit auf dem Holzweg ist.

In den Herbstferien 2013 hatte sich Moni mit ihren drei Kindern eine Traumreise gegönnt. Natürlich fällt es uns mit unseren Kontakten in der Branche und dem richtigen Riecher für Sonderpreise einen Tick leichter, bezahlbare Traumreisen zu finden, als Normalsterblichen, aber das, was Moni aus dem tristen Hamburger Herbst als Fluchtort diente, ist mit das Wahnsinnigste, was es im Tourismus auf der Welt derzeit gibt. Man sagt ja scherzhaft, wenn einen etwas wahnsinnig macht: »Das bringt mich echt auf die Palme!« Moni und ihre drei Kids konnten das wörtlich nehmen in ihrem Traumhotel auf »The Palm«, der künstlich aufgeschütteten Rieseninsel in Palmenform vor der Küste Dubais. Man kann diese Insel aus dem Weltall mit bloßem

Auge erkennen und sie ist einer der Gründe, die Dubai zu dem einzigartig verrückten Ziel machen, zu dem es längst auf der Welt geworden ist. Auf »The Palm« gibt es eine Menge unfassbarer Hotels und eines von ihnen hat es wegen seiner überaus großartigen Restaurants mit mediterranem Einschlag längst geschafft, zum Hotspot zu werden für all die, die in Dubai einfach nur gut Italienisch, Türkisch oder Fisch essen gehen wollen. Die Restaurants in diesem Hotel werden demnach nicht nur von Hotelgästen besucht. Besonders reiche Geschäftsleute, in Dubai so häufig anzutreffen wie resignierte HSV-Fans in meiner Heimatstadt Hamburg, kehren dort fürs Businessdinner zuhauf ein. Die folgende Geschichte ist aus Schilderungen verschiedener handelnder Personen in ihr zusammengepuzzelt.

Die Antennen immer auf Empfang, ob trotz des Urlaubes nicht irgendwo ein kleines Geschäft zu machen sei, war Moni auf folgende Szenerie aufmerksam geworden: Vier Abende nacheinander schon hatte ein scheinbar indischer Geschäftsmann am Nebentisch von Moni und ihren Kindern Geschäftsessen abgehalten, in denen es immer wieder um die Vorbereitungen für ein Treffen ging, zu dem leitende Mitarbeiter aus der ganzen Welt eingeflogen werden mussten. Und zwar an einen Ort, von dem selbst meine Schwester noch nicht gehört hatte. Es wäre ein Leichtes gewesen für sie, ihren Urlaub Urlaub sein und die Finger vom Geschäftemachen zu lassen, Moni war aber *zu* neugierig geworden. Wissen Sie, wenn ein Profi von einem Flughafen hört, von dem er bislang noch nichts wusste, dann ist er schon einmal angefixt. Und da der freundliche Geschäftsmann aus Indien nun auch schon vier Abende nacheinander freundliche Blicke Richtung Moni geworfen hatte, ging sie in die Offensive. Statt das Gespräch zu eröffnen mit ablenkend einleitenden Worten wie »Wie waren denn Ihre Ravioli gefüllt?« oder zumindest »Mir ist Ihre Krawatte aufgefallen, von welcher Marke ist sie?«, sagte Moni ganz direkt zu ihm: »So, und Sie suchen nach günstigen Flügen für Ihre Mitarbeiter?!«, was gleich auch klarstellte, dass es der allein reisenden Frau mit drei Kindern sowie persischem Aussehen und deutschem Akzent nicht darum ging zu flirten, sondern, tja, wie soll man sagen … zu *helfen*. (Ja, schon gut: … ein Geschäft zu machen.) Der indische Geschäftsmann war so höflich wie erfreut und erwiderte: »Oh, habe ich so laut gesprochen, dass alle hier es mitbekommen haben?«

»Nein, es ließ mir nur keine Ruhe, von einem Flughafen zu hören, von dem ich nie zuvor gehört habe!«

»Nun ja, das ist kein Wunder, Dammam kennen eigentlich nur Menschen, die wie ich in der Erdölbranche tätig sind, dort sitzt nämlich die größte Ölgesellschaft der Welt! Aber der Flughafen hat kaum internationale Verbindungen. Woher kommen Sie und was ist Ihr Business?«

»Aus Hamburg, Deutschland. Ich verkaufe Flugreisen!«, lachte sie und so lachte er, und während er noch lachte, weil er dachte, dass Monis Business im fernen Deutschland und sein Business im fernen Indien selbst hier auf halber Strecke in Dubai zu keiner Schnittmenge führen konnte, fragte ihn meine Schwester recht unzweideutig: »Wo buchen Sie normalerweise die Flüge für Ihre Mitarbeiter?«

»Bei einem Agenten in Delhi, der aber träge und vor allem teuer ist.«

»Ich mache Ihnen ein Angebot…«, sagte Moni und kurze Zeit später kam ich ins Spiel.

Ich war noch auf der Reeperbahn, als mein Handy klingelte. »Moni Mobil« war da zu lesen und ich freute mich, dass mich meine Schwester aus dem Urlaub anrief.

Sie verlor keine Zeit: »Maryam, ich habe eine Preisanfrage für ca. zehn Business- und fünf First-Class-Tickets von unterschiedlichen Abflughäfen nach Dammam…«

»Was? Du bist im Urlaub! Egal. Tickets nach Amman in Jordanien?« (Na, was sagen Sie, sind Sie stolz auf mich, dass ich mich inzwischen geografisch so gut auskenne?)

»Nein, Dammam, Saudi-Arabien, dort sitzt die größte Ölfirma der Welt!«

Und so erzählte sie mir nicht nur von dem indischen Geschäftsmann, der für die größte indische Ölfirma arbeitete, sondern auch von den 15 leitenden Angestellten, die aus der ganzen Welt zu einem Meeting in Dammam geflogen werden mussten. Und da es schlechtere Kunden gibt als Ölmultis aus Indien, setzte ich mich sofort an den Computer und suchte nach passenden Umsteigeverbindungen von Delhi nach Dammam in Saudi-Arabien, von Abuja in Nigeria, Houston, Texas, in den USA und Stavanger in Norwegen. Allesamt Hotspots der Ölindustrie.

Vier Stunden später, in Dubai war es mitten in, bei uns Anfang der Nacht, drückte ich »Moni Mobil« auf meinem Telefon.

»Alles zusammen ca. 25 000 Euro! Habe alle Flüge erst mal im System geblockt …«

»Klasse, das sage ich ihm, ich sehe ihn bestimmt gleich beim Frühstück!«

»Moni!«

»Ja?«

»Wie stellst du dir das vor? Wie soll er bezahlen? Du glaubst doch wohl nicht, dass ich deinem Erdöl-Inder vertraue, den du vom Italiener in Dubai kennst!? Der gibt mir doch eine Kreditkartennummer von einer Karte, die dann nicht gedeckt ist, und wir bleiben auf der ganzen Kohle sitzen?!«

»Darüber habe ich mir schon Gedanken gemacht und mit ihm gesprochen!«, antwortete Moni und sie wirkte wirklich so, als ob das kein Problem sei.

»Und?«

»Und was?«

»Und *wie* sind wir sicher, dass wir auch wirklich das Geld bekommen?«

»Ich lasse es mir bar geben!«

»Was?«

Wissen Sie, natürlich bin ich durchgeknallt. Aber auf so eine Idee wäre selbst ich nicht gekommen. Moni aber war es:

»Ich lasse mir das Geld geben und dann bringe ich es zu unserer deutschen Bank in Dubai oder zur Western Union und zahle es ein!«

»Lass uns morgen reden, wenn wir wissen, ob er über-haupt Interesse hat, wenn er den Preis hört …«, sagte ich.

Spitzen-Idee, als Frau mit drei Kindern an der Hand und 25000 Euro in der Handtasche durch Dubai zu wandern …, dachte ich.

Um 7 Uhr strahlte mich mein Handy erneut klingelnd mit den Worten »Moni Mobil« an.

»Eine gute und eine schlechte Nachricht. Die gute: Alles klar, er machts. Super Preis, sagt er, er hätte in Indien deut-lich mehr bezahlt.«

»Und die schlechte?«

»Du weißt, dass ich übermorgen, also Freitag, zurück-fliege. Und hier sind ja seit gestern Feiertage, ich kann das Geld also heute nirgendwo mehr einzahlen und morgen ha-ben die Banken ja auch zu.«

»Das heißt?«

»Das heißt, dass ich das Geld nach Hamburg in bar mit-bringe!«

»Moni, das wirst du auf gar keinen Fall machen! Du wirst doch jetzt nicht noch zwei Tage mit 25000 Euro in der Ta-sche durch Dubai laufen und die dann auch noch fröhlich nach Hamburg fliegen?!«

»Hast du eine bessere Idee, Schwesterherz? Sollen wir es lassen?«

Sie kennt mich und wusste, dass das eine provozierende und eigentlich rein rhetorische Frage war:

»Bist du verrückt? Natürlich nicht! Ich überleg mir was und melde mich. Mach du schön den Deal klar und lass dir die Kohle geben!«

Ich musste nachdenken. Meine Schwester würde heute noch, Tausende von Kilometern entfernt, von einem indischen Ölmulti 25 000 Euro in bar bekommen. Allein der Gedanke, dass dieser Mann wusste, dass Moni noch zwei Tage vor Ort mit der Kohle sein würde, beunruhigte mich. Das Geschäft zu verlieren beunruhigte mich. Aber wissen Sie was? Das Gute liegt manchmal so nah. Manchmal *sitzt* es auch so nah.

Ich tippte kurz zwei Preisanfragen in meinen Rechner. Die erste erfreute mich sehr: Das wars! Die zweite war nicht so gut. Da müsste ich noch dran basteln.

»Karim, mein Lieber …« Karim arbeitet seit über fünf Jahren bei mir am Schalter, ein wirklich zuverlässiger Mitarbeiter.

»Karim, du arbeitest zu viel!«

»Musst du gerade sagen, Maryam!«

»Du hast lange keinen Urlaub mehr gehabt, oder?«

»Letztes Jahr im Sommer.«

»Wie wäre es mit ein paar Tagen Dubai? Ich zahl alles …«

»Kann ich nicht annehmen, Maryam!«

»Doch, kannst du und ich weiß, dass du auch weißt, dass du das kannst!«

»Wow, cool. Wann denn?«

»Du fliegst morgen mit der Emirates-nachmittags-Maschine nach Dubai und fährst direkt zu Moni in ihr Hotel auf ›The Palm‹, euch wird da etwas übergeben …«

»Uns wird etwas übergeben?«

Ach, wissen Sie, ich mag Mitarbeiter, die auf alles eine Nachfrage haben.

»Euch wird etwas übergeben, das du dann am Sonnabend, wenn die Banken wieder aufhaben, einzahlst.«

»Geld?!«

»Ne, Kamele natürlich, sieh zu, wie du die in den Kassenraum unserer deutschen Bank bekommst ...«

Meine Idee, Karim zu Moni, ihren Kindern und zu diesem indischen Ölmulti zu schicken, gefiel mir von Minute zu Minute besser. Sie schlug eine Menge Fliegen mit einer Klappe. Kennen Sie Pax? Ikea Pax? Das Schranksystem? Karim ist ein halbmarokkanischer Pax. 1,94 groß. Und muskulös. Sollte der Öl-Inder ein schmieriger Gesell sein, würde er nicht nur davor Respekt haben, dass Monis Firma solch einen Schrank von Mann nach Dubai schickte, um sich des Bargeldes anzunehmen, er würde Moni auch nicht unnötig näher kommen *und* Karim würde wegen seines arabischen Aussehens in Dubai auch nicht unnötig auffallen, was von Vorteil sein kann, wenn man 25 000 Euro in bar mit sich herumschleppt. Und er könnte sich auf Arabisch verständigen.

Ach, ich war begeistert von meiner Idee! Zugegeben, sie hatte zwei Haken. Diese Feiertage in Dubai waren nicht irgendwelche Feiertage, es handelte sich um das Opferfest, das höchste islamische Fest, und es dauert vier Tage, 2013 von Dienstag bis Freitag, Monis Abreisetag. Glücklicherweise haben die Banken am Sonnabend in Dubai geöffnet, Karim müsste das Bargeld also nicht allzu lange mit sich herumschleppen. Aber nur für 30 Stunden wollte ich den armen Kerl nicht auf die Reise schicken. Er sollte ruhig bis Sonntag bleiben. So hatte er drei Tage vor Ort. Er sollte nur Sonnabend zu unserer deutschen Bank gehen, um das Geld einzuzahlen. Diese Festtage hatten zur Folge, dass selbst ich über unser System kein Hotelzimmer mehr für die erste Nacht bekam. Und den zweiten Haken sprach Karim an, nachdem ich ihm etwas mehr über seinen Trip erzählt hatte:

»Maryam, du schickst mich für vier Tage nach Dubai mit Emirates, bezahlst drei Nächte ein Hotel für mich, damit ich zugegebenermaßen sehr viel Geld in Dubai zur Bank bringe. Das kostet uns doch mehr als der Gewinn an dem Geschäft?!«

»Erstens: Ich schicke dich mit Emirates nach Dubai, stimmt. Aber du weißt, dass die Raten, die wir auf Restplätze bekommen, gute Raten sind. Zweitens: Da haben wir Glück im Unglück, es sind nur zwei Nächte. Dubai ist ausgebucht, aber Moni hat ein verdammt großes Zimmer für sich und ihre Kids, da kannst du die erste Nacht bleiben, bis sie am Freitag auscheckt. Für die Nacht danach hab ich etwas Nettes für dich gefunden. Wichtig ist nur, dass ihr beide an Monis Auscheckmorgen noch den Kunden trefft und du das Geld in Empfang nimmst. Und dass du es dann am Sonnabend, wenn unsere Bankfiliale in Dubai aufhat und das Īdu l-Aḍḥā (Opferfest) zu Ende ist, auf unser Firmenkonto einzahlst. Natürlich kostet uns die ganze Aktion vielleicht immer noch mehr, als wir an den Tickets verdienen, aber wie sagte mein Vater schon immer: ›Investiere in die Zukunft, nicht in die Vergangenheit, es sei denn, du bist Kunstsammler oder Antiquitätenhändler!‹ Wenn der Inder ab jetzt ab und an die Flüge seiner Mitarbeiter bei einem kleinen pinkfarbenen Reisebüro am Hamburger Flughafen oder auf der Hamburger Reeperbahn bucht, dann haben wir nicht nur einen guten Kunden mit gutem Umsatz zusätzlich, sondern auch noch einen Mitarbeiter namens Karim, der voll motiviert und mit einer tollen Geschichte im Gepäck schon in fünf Tagen wieder hier am Schalter sitzt. Und keiner muss mit dem ganzen Bargeld im Gepäck nach Hause fliegen!«

An dieser Stelle muss ich das Wort *denkste* schreiben: DENKSTE!

Nach einer halben Nacht auf einem Stuhl auf Monis Hotelbalkon (Karim war das trotz des großen Zimmers dann doch alles irgendwie unangenehm) trafen sich meine Schwester, ein halbmarokkanischer Schrank namens Karim und der drei Köpfe kleinere Geschäftsmann aus der indischen Ölindustrie in dem überaus geräumigen Zimmer meiner Schwester in diesem unfassbar schönen Luxushotel auf »The Palm«. Neben Geschenken für die Kinder hatte er tatsächlich 25 000 Euro in bar dabei. Diese lagerte die L'tur-Delegation in einem Schuhkarton zwischen, einem von vielen Schuhkartons, die die Familie meiner Schwester samt Inhalt während ihres Urlaubs in irgendwelchen örtlichen Boutiquen und Sneakerläden erstanden hatte. Unser neuer Kunde bekam die Buchungscodes für all die von ihm eingekauften Tickets und alle waren hocherfreut über das außergewöhnliche Geschäft. Moni und Familie reisten mit viel Übergepäck, für das ich Karim einen sehr großen leeren Koffer mitgegeben hatte, nach Hamburg zurück. Und Karim, neben dem leeren Koffer für Moni nur mit einer kleinen Reisetasche für seinen Viertagetrip nach Dubai ausgestattet, genoss die übrigen Tage und nahm den Schuhkarton in seiner Reisetasche mit zum Shoppen, mit an den Strand, überallhin mit. In dem festen Glauben, das Geld einen Tag später bei unserer deutschen Bank in Dubai auf unser L'tur-Geschäftskonto einzahlen zu können. Nur dass *ich* dabei einen kleinen Denkfehler gemacht hatte. Eben diese Filiale unserer deutschen Bank in Dubai ist eine Bank für Großkunden. Trotz 1 Meter 94 wollte man Karim als solchen nicht anerkennen, da waren auch 25000 Euro in bar Peanuts. Die Filiale hatte nicht einmal einen Schalter, wo er das Geld hätte abgeben können, aber man druckte ihm freundlicherweise das »Dokument 400 zur Anmeldepflicht beim Grenzeintritt aus Drittländern bei der Einführung von Barmitteln nach Vorschrift EG Nr. 1889/2005« aus, da Bargeld über 10000 Euro bei der Einreise unaufgefordert und schriftlich beim deutschen Zoll deklariert werden muss. Natürlich verschwieg er mir das kleine Detail, dass er das Bargeld nun auch noch sechseinhalb Stunden mit in den Flieger nehmen würde. Ich hätte ja sagen können: »Karim, was ist, wenn du einschläfst an Bord, bitte bleib noch ein paar Tage vor Ort und finde eine andere Bank!« Dann hätte er sagen müssen: »Kannst du deinen besten Mitarbeiter denn so lange entbehren?«

Und da der Weg vom Gate, an dem die Emirates-Maschine andockte, ohne auf aufgegebenes Gepäck warten zu müssen und trotz des kleinen Besuchs beim Zoll innerhalb von wenigen Minuten geschafft war, stand er dann vor mir und Moni am Schalter.

»Moni, du hast deinen Schuhkarton in Dubai vergessen!«

Wir mussten alle lachen über dieses unglaubliche Geschäft, und bevor Sie sich jetzt auf die Lauer legen und

meinen Mitarbeitern die Schuhkartons entreißen wollen:
Der Inder eröffnete kurz danach ein Konto bei einer Bank
in Deutschland und ein kleiner pinkfarbener Schalter am
Hamburger Flughafen und seine Schwester auf dem Kiez
haben seitdem einen regelmäßig buchenden Stammkunden
aus der indischen Ölindustrie. Karims Reisekosten hatte ich
schnell wieder raus.

KAPITEL 13

TABLEDANCE UND STÜTZSTRÜMPFE

Inzwischen wissen Sie, dass mein Leben aus Verkaufen besteht, rund um die Uhr, und das ist nicht nur so dahergeschrieben, ich meine es so. Auf Geburtstagen, Hochzeiten, Partys oder einfach nur privat, ich habe schon unzählige Male mitten in der Nacht auf selbst gebauten Bühnen gestanden und der überraschten Menschenmenge Traumstrände und Hotelanlagen auf vergrößerten Bildern und in Diashows präsentiert. Ich war schon x-mal die Glücksfee. Die geschminkte Frau mit den pinkfarbenen Couverts in der Handtasche. Dieser Job ist mein Leben, der Schalter ist mein Kind. Wer würde freiwillig so viel Lebenszeit in seinen Arbeitsplatz investieren, wenn er ihn nicht lieben würde? Ich liebe meinen Arbeitsplatz, diese paar Quadratmeter. Diesen Counter, aus dem ich die Kunden mit ein paar Mausklicks in die ganze Welt schicken kann. Ja, der Counter am Hamburger Flughafen ist mein Baby, aber bis 2005 war er ein Einzelkind. Nicht verzogen, darauf habe ich immer geachtet, aber er war ein Einzelkind. Und wie jede gute

Mutter habe ich mich gegen ein Geschwisterkind nie gesträubt, aber es auch nicht forciert, so etwas passiert eben einfach – oder nicht. Bei mir passierte es wie bei vielen Müttern mitten in der Nacht. Am späten Abend begann das Vorspiel, auch wenn ich nicht besonders in Stimmung war, denn ich war krank. Starke Erkältung. Richtig krank also. Und es war spät geworden an diesem Tag am Schalter, selbst hier am Flughafen hatte alles geschlossen. Ein deprimierender Anblick übrigens: Wie kann an einem Flughafen alles geschlossen haben? Die Welt dreht sich doch weiter. Irgendwo ist doch immer Tag, irgendwo startet doch immer jemand in den Urlaub. Warum kann er dann nicht auch landen?

Ich hatte also starke Halsschmerzen, und weil die Lichter am Flughafen in der Weltstadt Hamburg ausgegangen waren, machte auch ich die Schotten dicht. Mit Halsschmerzen kann nicht einmal ich Reisen verkaufen, denn wenn die Leute in Kontakt mit mir träten, hätten sie sich gleich angesteckt. Ich könnte ihnen also bestenfalls noch eine Kur verkaufen. Aber wie langweilig sind denn Kurorte, bitte?

Ich stieg also an diesem Winterabend in mein Auto und legte an der nächsten Tankstelle einen Stopp ein. Autos dürfen übrigens Tag und Nacht fahren. Es war das Jahr 2000, die Politiker debattierten seit Jahren über Flexibilität, zwangen die Händler aber noch dazu, um 20 Uhr ihre Geschäfte zu schließen. Und das war ja schon wahnsinnig fortschrittlich, denn wenige Jahre zuvor hatte es noch um 18 Uhr geheißen: »Feierabend!« Bis auf den langen Donnerstag, wenn Sie sich erinnern.

»Haben Sie Milch und Honig?«

»H-Milch haben wir – und, warten Sie …«, der Tankwart, der das Geld längst nicht mehr mit Benzin, sondern mit Bier und Chips verdiente, bückte sich und bot mir Honig an, der für gewöhnlich sogar am Frühstücksbuffet im Hotel liegen bleibt.

»Nein danke«, und so stieg ich wieder hustend in mein Auto. Ich klapperte zwei weitere Tankstellen ab und lernte in der Nacht ganz nebenbei, dass Tankwarte geradezu eingeschnappt sind, wenn sie nicht das haben, was man gerade braucht. So wie diese Büdchenbesitzer in Köln, die sogar Schuhbänder in unterschiedlichen Längen in ihren drei Quadratmetern verticken und geradezu ausflippen, wenn man sich Turnschuhe mit nur zwei Löchern hat andrehen lassen und die richtige Länge dann doch nicht im Sortiment ist.

Irgendwann aber hatte einer dieser Tankwarte zwar keine frische Milch, aber Einsicht.

»Versuchen Sie es doch mal auf der Reeperbahn. Da sind *Penny* und *Lidl*, die haben bis um 23 Uhr geöffnet.«

Das war eine super Idee und so machte ich mich auf den Weg zum Kiez. Ich parkte extra in einer Nebenstraße der Reeperbahn. Als Hamburgerin weiß ich natürlich, dass das

Leben auf der Reeperbahn gerade erst dann so richtig beginnt, wenn es woanders endet. Ich wusste also, es würde um 22 Uhr keinen Parkplatz mehr in der Poleposition geben. Ein Glücksfall, ein großer sogar, für das Geschwisterkind, denn ich musste die ganze Reeperbahn hinunterlaufen, weil mein Parkplatz am anderen Ende war. Da, wo das Leben tobte und niemand Lust hatte, sich mit supergünstigem Hackfleisch zu beschäftigen, sondern lieber mit lebendigem Fleisch. Ich schlenderte also den Kiez hinunter bis zu *Penny* und bekam alles: Tee, Honig, Milch und sogar Salbeibonbons. Und als ich an der Kasse stand und das Laufband sich bewegte, ich glücklich zahlte, eine gute Nacht wünschte und sogar noch eine Tüte kaufte, hatte ich die Idee.

Ein Reisebüro auf dem Kiez, das fehlt hier. In Hamburg ist es wie in vielen Großstädten: Das Leben abends ist irgendwie in die Wohnungen vor den Fernseher gewandert. Wer Spaß haben will, ist aber hier auf der Reeperbahn. Und wer noch mehr Spaß haben will, der hat nicht nur Spaß an der Reeperbahn, sondern auch Spaß am Verreisen. Und das Beste an alledem: Es gibt im hamburgischen Ladenöffnungsrecht die »Reeperbahn-Regelung«, nahezu der Freifahrtschein zum Nonstop-Betrieb. Mir ist schon klar, dass das im ersten Moment irgendwie wahnsinnig klang, aber sind nicht alle guten Ideen am Anfang irgendwie Wahnsinn? Das Auto, die Glühbirne, eine Autobahn durch Dithmarschen, die bemannte Raumfahrt?

Ich lief also mit meiner *Penny*-Tüte den ganzen Kiez wieder zurück. Da gab es alles. Ein Sonnenstudio, Tag und Nacht, Schuhgeschäfte, die sogar in den 2000ern noch

Cowboystiefel verkauften, Türken, die einem Batterien, Wassermelonen, Zahnpasta und Musikkassetten von türkischen Superstars andrehten (»Und wenn du fünf kaufst, bekommst du noch beim Bruder auf der anderen Straßenseite einen Döner mit scharfer Sauce mit 50 % Rabatt zum Mitnehmen dazu!«). Es gab alles. Sogar Pistolen für den wütenden Mann als Spontankauf. Nur: Es gab keine Reisen zu kaufen! Und schon gar nicht spontan. Und das lag nicht am Vorstrafenregister, sondern schlicht und einfach an der Tatsache, dass es hier Menschen gab, die den Kiez seit Jahren nicht verlassen hatten. Ich musste an meinen italienischen Freund und Koch Lilo denken. Der hat mir mal erzählt, dass es Jungs in der Küche gab, die dachten, Hamburg bestehe nur aus der Reeperbahn, so wie Las Vegas nur aus dem Strip. Die weißen Tiger von Siegfried und Roy mussten also zwischen den Spielkasinos Gassi gehen?

Lilo erzählte mir von Freunden, die niemals auf die Idee gekommen wären, zum Flughafen zu fahren, um sich eine Reise zu buchen. Die kamen aus Sizilien am Hamburger Hauptbahnhof an und sind direkt zum italienischen Restaurant an den Herd gebracht worden. Die haben keine Sprachkenntnisse, die wissen nicht, was online ist, die haben gar keine Zeit dafür. Dafür ist ihre Pasta die beste der Welt. Und mal ehrlich, brauche ich in meinem Leben eine Webcam, mit der ich eine Kaffeemaschine in Cambridge beobachten kann, oder etwas zu essen?

Der Virus meiner Idee war stärker als der der starken Erkältung, denn er war immer noch da, als ich wieder vollkommen hustenfrei an meinem Schalter im Terminal 1 ganze

Landstriche auf Mallorca an deutsche Touristen vermiete-te. Die Idee eines Reisebüros auf dem Kiez, sie wurde zu meiner Passion. Fünf Jahre lang habe ich mit meiner Zentrale in Baden-Baden gekämpft. Waren Sie mal in Baden-Baden? Wissen Sie, wie weit Baden-Baden von der Hamburger Reeperbahn entfernt ist? Nicht räumlich, sondern so rein von der Atmosphäre? Der erste Sex trifft auf den letzten Sex. Die Orte trennen also Welten.

Es hieß aus der Zentrale immer Nein, Nein, Nein. Wahnsinn, Wahnsinn, Wahnsinn. Wir bräuchten Bodyguards für so einen Laden, sie stellten sich vor, ich wolle neben zwei brennenden Tonnen in der Bronx eine Boutique eröffnen. Ich kann das sogar verstehen, wenn man Tag und Nacht von Kurgästen umgeben ist, die auf dem Esstisch lieber ein Stück Schwarzwälder Kirschtorte als eine nackte Tabledanceschönheit sehen wollen. Aber ich gab nicht auf. Ich habe immer gesagt, die Reeperbahn gehört zu Hamburg wie die Stützstrümpfe und das Thermalbad zu Baden-Baden. Wie die »Best of Eros Ramazzotti«-CD zum Italiener. Irgendwann drang die Idee bis zum Marketingvorstand Markus Faller durch. Und wie das manchmal so ist, er war sofort Feuer und Flamme. In irgendeinem Meeting fielen die für mich wegweisenden Worte: »Eigentlich ist das die beste Idee, die man haben kann. Warum nicht nachts da sein, wo das Leben tobt?« Vielleicht haben die Chefs aus dem Konzern auch geglaubt, dass ich nie im Leben irgendwo zwischen den Eroscentern, Dönerbuden und Waffengeschäften einen Laden finden würde, der auch nur ansatzweise an ein Reisebüro erinnern könnte. Und natürlich wussten sie auch, dass Ladenflächen auf der Reeperbahn eher über Mundpropaganda als über das Hamburger Abendblatt vermietet werden. Du brauchst Kontakte. Aber die hatte ich. Und ich hatte ein Ziel. Das Reisebüro musste unbedingt vor der Fußballweltmeisterschaft 2006 in Deutschland eröffnen! Es war klar, dass in diesen Monaten die Hölle los sein würde. Der Kiez würde bersten. Und da wollte ich unbedingt dabei sein. Nicht nur als Fan mit einer Deutschlandflagge am Außenspiegel, sondern mit einem Reisebüro. Wenn die italienische Fußballmannschaft abreisen müsste, dann könnte es schließlich sein, dass die Fans hinterherfahren wollten. Diese Chance wollte ich ihnen geben. Sie wissen, dass es keine Italiener waren, die Last-Minute-Flüge brauchten, sondern Deutsche, die dann doch ein paar Tage früher in den Urlaub fahren wollten.

Und dann begann die Suche. Mein Büro sollte auf der Straßenseite sein, auf der auch die Musikclubs sind, es sollte da sein, wo die Junggesellenabschiede stattfinden, auf der Straßenseite, auf der einfach mehr Menschen unterwegs sind. Ich wollte Laufkundschaft. Ich habe mir viele Läden von außen angeguckt. Ein schlauchförmiges Sonnenstudio, eine Dönerbude, in der man sich kaum umdrehen konnte, sogar einen ehemaligen Puff. Ich hatte schon immer viele Kunden aus der Nachtszene. Barbesitzer, Köche, DJs und Restaurantinhaber. Leute, die sich auf dem Kiez auskannten.

So ging die Zeit ins Land. Und dann kam dieser heiße Nachmittag, ich holte mir ein Eis und setzte mich auf eine Bank mitten auf dem Kiez und begann, meine Kontakte aus dem Handy anzurufen. Alles zufriedene Kunden, die von meiner Idee begeistert waren. Ich sprach mit vielen Leuten, immer wieder gaben sie mir Tipps, wenn sie von einer Location gehört hatten, die demnächst frei werden könnte. Und immer wieder machte ich mich dann auf. Und immer wieder wurde es nichts. Doch eines Tages klingelte mein Telefon und ich hatte jemanden dran, den ich nicht kannte, aber der jemanden kannte, der zufällig von einem leer stehenden Laden wusste, nicht direkt, aber er kannte jemanden, der einen Laden kennen könnte. Ein Laden mit einer ruhmreichen Vergangenheit. In 120 Kinokabinen hatten die letzten 20 Jahre eine ganze Menge Leute eine ganze Menge Spaß gehabt. Ich werde nie vergessen, wie ich den sehr skeptischen Vorständen aus Baden-Baden das erste Mal mein neues Reisebüro zeigte. Sie kamen von einem Kongress nach Hamburg, alle in schwarzen Anzügen, wie die Blues Brothers standen sie mitten auf dem Kiez vor dem leeren Geschäftsraum.

Ein Obdachloser beobachtete uns schon eine ganze Weile und kam schließlich auf uns zu. Nicht vergessen, es handelte sich um den gesamten Vorstand eines der großen Reisekonzerne des Landes aus dem feinen, alten Baden-Baden. Der Obdachlose stellte sich vor unseren Marketingleiter und sagte:

»Du!«!

Mein Marketingleiter nahm die Sonnenbrille ab und freundlich, wie er immer ist, sagte er: »Ja, bitte?«

»Ist heute Karneval?«, fragte der Obdachlose.

»Nein, warum?«

»Warum seht ihr dann alle so aus?« Dann klopfte er sich auf die Schenkel und hörte gar nicht mehr auf zu lachen.

Ich glaube, dass das der entscheidende Moment gewesen ist. »200 Jahre auf dem Marktplatz in Baden-Baden und du würdest nicht das erleben, was du in zehn Minuten auf der Hamburger Reeperbahn erlebst«, sagte der Blues Brother, der jetzt wieder seine Brille zurechtrückte. Er war ja vorher schon begeistert gewesen. Dieses Gefühl festigte sich nun vor Ort. Er wollte sofort dieses Reisebüro, denn er hatte blitzschnell verstanden, dass der Kiez nicht nur wegen seines Ladenschlussgesetzes einzigartig ist, sondern dass man eine Kundschaft erreichen würde, die sonst niemals in ein Reisebüro gehen würde. Die anderen Kollegen aus Baden-Baden hatten noch Sorge. Einer von ihnen wollte Geld aus einem Automaten holen, wir mussten uns allesamt um ihn herumstellen. »Niemand von den Leuten, die hier herumlaufen, braucht Ihre 50 Euro«, sagte ich. Und dann haben sie verstanden, dass man, wenn man sich auf dem Kiez auskennt und Kontakte hat, ein gutes Leben haben und sehr gute Geschäfte machen kann. Und mein Traum wurde wahr. Mitten auf der Reeperbahn, sozusagen vor der Tür meiner jetzigen zweiten Heimat. Noch an Ort und Stelle sagten sie Ja. Die Renovierungsarbeiten konnten beginnen. Aber auch sie mussten schnell gehen, so schnell, wie die FIFA-Delegationen die Fußballstadien kontrollierten und die Verantwortlichen Umbauarbeiten vornehmen mussten. Wir hatten Zeitdruck, ich wollte gut ein Jahr vor der Fußball-

weltmeisterschaft in Deutschland fertig sein. Und das bedeutete, wir würden bis zur letzten Minute, also *last minute*
arbeiten müssen. (Bitte verzeihen Sie mir dieses läppische
Wortspiel.)

KAPITEL 14

ELVIS

Ich möchte Ihnen die Details ersparen, darüber, was man in einem ehemaligen Pornokino so alles findet, was man zur Eröffnung eines Reisebüros nicht braucht. Auch wenn man der Fantasie freien Lauf lässt. Es waren nicht nur die vergessenen Utensilien, von denen man die meisten ohne Gebrauchsanweisung gar nicht so einfach bedienen kann, nein, es waren auch der Geruch, die Enge, die Wände, die Feuchtigkeit (die in den Wänden), der Boden, eben einfach alles. Bei einem Hauskauf ist das normal, man kauft ein Haus mit Geschichte, kennt vielleicht die Vorbesitzer und weiß, hier haben sie gelebt, gegessen, getrunken, gefeiert und geschlafen. Eben alles ganz normal. Was man von meinem Pornokino, das ich zum Reisebüro umbauen wollte, nicht behaupten konnte. Geschlafen hat hier zumindest niemand.

Die Menschen, die hier gewesen waren, waren es meistens nur für eine Stunde, einige auch viel kürzer, und sie wollten keine hellen Räume mit Fenstern, wie sie sonst gefragt sind, sondern lieber dunkle Kabinen, ohne Fenster. Was Gemütliches eben.

Kurzum, ich entschied mich für eine Kernsanierung. Klempner, Maurer, Elektriker, sie alle gingen ein und aus, und das auch noch einen Tag vor der Eröffnung. Ich erwartete 150 Gäste zur Eröffnung. Freunde, Stammkunden, Neukunden (hoffentlich), Nachbarn, denn sie alle hatte ich eingeladen, und natürlich die Presse, denn die Eröffnung eines Reisebüros auf der Reeperbahn war auch eine Medienattraktion. Ein Reisebüro auf dem Kiez, daran musste man sich erst einmal gewöhnen. Nicht nur die Passanten, sondern auch die Nachbarn, die in allen möglichen Gewerben tätig waren.

Einer von ihnen aber beobachtete das Treiben in meinem neuen Büro besonders interessiert. Elvis. Und jetzt muss ich mit einem der größten Missverständnisse des Rock 'n' Rolls aufräumen, denn Elvis war kein Mann, sondern eine Frau. Und im Jahr 2005 Mitte 30. Vielleicht ein bisschen verwirrt, kein Wunder bei diesem Medienrummel, und vielleicht auch nicht mehr ganz so gut bei Stimme wie in den jungen, wilden Jahren, aber immer noch besser als viele andere Popstars der letzten Jahre. Elvis stand vor meinem Büro und wollte rein. Singen, tanzen, ausflippen, Hüftschwung, eben das volle Programm. Ihr »Love me tender« war übrigens wirklich gut, aber trotzdem wollte ich in diesen aufregenden Stunden kurz vor der Eröffnung meines neuen Reisebüros lieber jemand anderen als mich in den Genuss von »Love me tender« kommen lassen.

»Du musst leider nebenan in der Dönerbude singen oder

dich als Straßenmusikerin durchschlagen«, schlug ich vor,
doch sie ließ sich nicht abwimmeln.

»Ich bin Elvis«, beharrte sie und dann setzte sie wieder an,
»*Love me tender, love me sweet, never let me go. You have made
my life complete, and I love you so.*«

Ich hatte das Gefühl, »*never let me go*« sang sie eine Spur
lauter und guckte mir über die glitzernde Sonnenbrille hinweg direkt in die Augen. Sie war einfach nicht abzuschütteln,
sie kam immer wieder. Abends dann, es war 23 Uhr, waren
wir endlich dabei, das Reisebüro herzurichten und ein letztes Mal zu putzen. Und dann stand sie wieder vor der Tür.

»Ich bin Elvis«, und dann: »*Love me tender, love me dear.
Tell me you are mine. I'll be yours through all the years. Till the
end of time*«.

Um Gottes willen, till the end of time, dachte ich.

»Elvis, wir haben heute den 17. Januar, morgen ist der 18.,
ein wirklich wichtiger Tag in meinem Leben, es ist die Eröffnung. Du nervst mich jetzt. Geh auf die andere Straßenseite, stell dich unter diesen Baum da und warte, bis es Sommer wird.«

Einfach so sagte ich das und dann putzten wir weiter.
Es wurde 1 Uhr nachts. Tatsächlich war schon das erste Kamerateam vor Ort. Sie wollten nicht nur die Eröffnung des
ersten Reisebüros auf dem Kiez für die aktuelle Bericht-
erstattung filmen, sondern darüber hinaus auch eine große 30-Minuten-Doku über mein neues Baby, die dann ein
paar Tage später ausgestrahlt werden sollte. Die Doku handelte von den letzten Stunden, bevor ich die Pforten öffnete, der gesamten Eröffnungsaufregung und natürlich vom

Tag selbst. Samt bunten Drumherum-
geschichten vom verrückten Kiez.

Und buntes Drumherum gibt es ja
genug auf der Reeperbahn. Auf einmal
zog etwas die Aufmerksamkeit des Redakteurs auf sich und
so rannte der ganze Tross von Leuten, Kameramann, Ton-
ingenieur und Redakteur, auf die andere Straßenseite. Elvis stand dort unter dem Baum … Der Fernsehredakteur als
solcher interviewt ja erst einmal alles, was nicht bei drei auf
den Bäumen ist, das liegt in seiner Natur. Elvis hatte es nur
bis unter den Baum geschafft.

»Was machen Sie hier? Worauf warten Sie?«

»Ich warte darauf, dass Sommer wird.« Sie zeigte auf
mich. »Hat die Frau da gesagt.«

Ein Glücksfall, wird der Redakteur mit dem Klemm-
brett unter dem Arm gedacht haben, der Elvis sein Mikro-
fon unter die Nase hielt. Er stellte noch ein paar weitere
Fragen und es wurde viel gelacht, sie hatten einen Riesen-
spaß. Am folgenden Abend drehte das Team noch die Eröff-
nungsfeier mit geladenen Stammgästen, Promis der Stadt
und Kiezgrößen. Es war ein voller Erfolg. Das erste Reisebüro auf dem Kiez schlug ein wie eine pinkfarbene Bombe.
Die Hamburger Tageszeitungen berichteten und die lokalen
Radio- und Fernsehsender ebenso. Und ein paar Tage später
folgte die große, bundesweit ausgestrahlte 30-Minuten-Re-
portage, natürlich war auch Elvis in dem Film zu sehen. So
etwas lässt man sich als TV-Sender nicht entgehen, andere
Shows casten dafür jahrelang und finden trotzdem keinen
Elvis. Und diese Reportage sollte Folgen haben …

Wochen später bekam ich einen Anruf von der Fernseh-produktionsfirma, die diesen bunten Kiezfilm gedreht hat-te. »Maryam, wir hatten hier gerade einen seltsamen Anruf wegen unserer Reportage über deine Reisebüroeröffnung. Erlaubst du uns, deine Nummer rauszugeben?«

»Ich bin hier doch eh bekannt wie ein pinker Hund, wo-rum geht es denn?«

»Das wird dir der Mann sicherlich selbst erzählen wol-len...«

Es dauerte nicht lange, bis mein Telefon klingelte, eine Nummer aus Süddeutschland:

»Hallo, Frau Komeyli, Sie sind die Frau, die auf der Ham-burger Reeperbahn ein Reisebüro eröffnet hat? Über die im Fernsehen berichtet wurde? In dieser langen Dokumenta-tion?«

»Ja, warum?«

»Es geht darum, dass darin eine Person vorkommt, die seit über drei Jahren in Memphis, Tennessee, vermisst wird.«

»Klar«, sagte ich, »Elvis. Da gibt es Leute, die vermissen ihn seit über 30 Jahren.«

»Es ist so, diese Frau wird von ihren Eltern vermisst, die glauben, Elvis sei tot.«

»Das gibt es ja gar nicht. Elvis, tot? Das ist ja schrecklich.« Ich nahm diesen Anruf erst gar nicht ernst. Dann aber er-klärte der Anrufer, dass er von einer Anwaltskanzlei aus den USA engagiert worden war, sich als deutscher Anwalt die-ses Falls anzunehmen. Und dass es da in Memphis, Tennes-see, eine aus Deutschland ausgewanderte Familie gab, die seit drei Jahren ihre Tochter vermisste. Die Verwandten in

Deutschland hatten die Dokumentation gesehen. Und waren vollkommen konsterniert, die seit Jahren verschollene Tochter dieser Familie entdeckt zu haben. Sie kontaktierten die Eltern im so viele Kilometer entfernten Memphis und das Paar brach vor hoffnungsvoller Freude zusammen. Konnte es sein, dass die Tochter doch noch am Leben war? Er habe deswegen bei der Produktionsfirma eine Kopie der Doku angefragt und wollte zusätzlich mich um einen Gefallen bitten. Das Paar in den USA hatte Angst, sich womöglich falsche Hoffnungen zu machen, sie hatten die Suche schließlich aufgegeben, da sie einfach keinen Erfolg gehabt hatten. Und jetzt das. Das berührte mich plötzlich so sehr, dass ich sogar vergaß, dem Anwalt günstige Flüge von Memphis nach Hamburg für die Eltern anzubieten.

»Was kann ich für Sie und diese Familie tun?«

»Meine Kanzlei sitzt in Freiburg und die Polizei einzuschalten könnte sie, wenn es sich wirklich um die Tochter handelt, verschrecken. Sie ist halt Künstlerin. Ich dachte, Sie könnten Kontakt zu Elvis aufnehmen, es wirkt in dem Film so, als könnten sie gut miteinander?!«

Ich versprach zu helfen und sagte dem Anwalt, dass ich Elvis seit Tagen nicht mehr auf dem Kiez gesehen hätte, mich aber umhören würde. Die Idee, einen Menschen, der vor drei Jahren aus was für Gründen auch immer seine Stadt, seinen Kontinent, seine Identität geändert hatte, mit der Polizei zu konfrontieren, erschien mir auch nicht glücklich.

Zwei Tage vergingen, Elvis stand, obwohl ich es ihr doch am Tag der Eröffnung gesagt hatte, längst nicht mehr unter dem Baum, ich hatte sie eine ganze Zeit nicht mehr gesehen.

Dann, am dritten Tag nach dem Anruf – es war etwa 15 Uhr am Nachmittag –, ging die Tür auf und Elvis betrat den Laden. Splitterfasernackt. Mein Reisebüro war voll. Alle drehten sich zu ihr um und Elvis begann »*Love me tender*« zu singen. Sie setzte sich auf den Boden und wollte 3000 Euro dafür haben, dass sie in meiner Sendung mitgewirkt hatte. »Meine Sendung«, das wurde ja immer verrückter, ich bin doch keine Moderatorin, sondern jemand, der Menschen in den Urlaub schickt.

Ich komplimentierte sie unter Staunen der Schnäppchenjäger in mein Backoffice und bat sie zu warten. In ihrer Gegenwart rief ich den Anwalt an, von dem ich die Informationen über Elvis hatte.

»Sie ist wieder hier, Elvis lebt, sie sitzt neben mir«, sagte ich in den Hörer. »Und sie singt. Meistens übrigens ›*Love me tender*‹, und heute auch noch nackt. Und sie will 3000 Euro Gage …« Elvis grinste. Der Anwalt wollte sicherstellen, dass es sich wirklich um die seit drei Jahren verschollene Person handelte. Und ich wollte wissen, was das für eine Person sei, welch schräge Geschichte sie hierhergeführt hatte. Es war tragisch und komisch zugleich, auf eine ganz reeperbahntypische Art und Weise.

Ich erfuhr, dass Elvis einen Bruder hatte, der in Memphis, Tennessee, als Elvis-Imitator sein Geld verdiente. Als ich sie damit konfrontierte, war sie verwirrt, das Einzige, an das sie sich aber erinnerte, war tatsächlich, dass ihr Bruder Elvis-Imitator war und sie also aus der Elvis-Familie stammte.

»Auf der 930 Meter langen Reeperbahn ist sie übrigens

jedem ein Begriff«, sagte ich dem Anwalt, denn das hatte ich inzwischen bei meinen Kiezfreunden herausgefunden.

»Elvis kennt hier jeder, die singt doch immer ›*Love me tender*‹«, war die immer wiederkehrende Aussage. Der Anwalt erklärte mir, dass sie vor Jahren zu einem Urlaub nach Deutschland aufgebrochen sei, doch dann müsse irgendetwas passiert sein, aber niemand wisse genau, was. Jedenfalls habe sie den Verstand verloren und bis auf ein paar wirre Nachrichten habe sich ihre Spur dann verloren. Sie sei nicht nur in Deutschland »auf Tour« gewesen. Die Eltern hätten sie monatelang gesucht, aber nicht gefunden. Und die Hoffnung hätten sie längst aufgegeben. Bis zur Dokumentation über meine Reisebüroeröffnung auf dem Kiez eben.

Inzwischen habe ich Elvis seit drei Jahren nicht mehr gesehen und auch meine Kieznachbarn nicht mehr. Es gibt Gerüchte, dass die Eltern sie zurück nach Memphis geholt haben, ich wünsche mir, dass das stimmt. Ich wünsche mir, dass es gut für sie ist, wieder bei ihren Eltern zu sein, bin aber auch etwas traurig, dass Elvis nun ihr Stammpublikum fehlt.

Sie denken vielleicht, was soll diese Geschichte? Warum so ein irrer Kram? Ich kann es Ihnen sagen. Für jemanden, der auf der Reeperbahn, im Milieu, arbeitet, ist diese Geschichte weniger ungewöhnlich. Hier gibt es eine ganze Menge schräger Leute, mit lustigen und sehr tragischen Geschichten. Hier haben sie sich niedergelassen, weil sie sich hier durchschlagen können. Eine konventionelle Gesellschaft mit den Normen, wie wir sie alle täglich erleben, gibt einer Frau mit dem Namen Elvis keine Chance, man hätte sie längst eingeliefert, vielleicht weggeschlossen. Hier aber nicht. Hier ist jeder nur so irre wie der an der nächsten Ecke.

Mit dem Flughafen und meinem Reisebüro auf der Reeperbahn habe ich jetzt zwei Standorte, die beide vollkommen außergewöhnlich sind. Zwei Leben, die ich brauche. Beide Orte haben eigene Gesetze, beiden Gesetzen muss man sich anpassen, man muss die richtige Einstellung mitbringen. Wenn der 30. Junggesellenabschied vorbeikommt und dieselben Witze wie die 29 Jungsgruppen vor ihm macht, dann lächle ich trotzdem noch, denn die wollen einfach nur Spaß haben und ich eben auch. Die Uhren ticken an diesen Orten anders. Nachtleben und Tagleben. Jetzt brauche ich gar keinen Feierabend mehr zu machen. Von 6 bis 19 Uhr am Flughafen, von 20 bis 23 Uhr auf dem Kiez.

Ich kann so sein, wie ich bin. Ich weiß, dass ich vielleicht nicht dem Klischee einer Reisebüroangestellten entspreche. Vielleicht zucken die Leute zusammen, wenn ich sie duze, mit »Schätzchen« anspreche, vielleicht wäre ich in einem konventionellen Reisebüro schon längst rausgeflogen, aber an meinen beiden Orten, am Flughafen und auf der Reeperbahn, können die Menschen damit umgehen. Viel wichtiger aber, ich kann mit ihnen umgehen. Wenn ein Mann mit dem Spitznamen »Monster« zu mir kommt, dann weiche ich nicht zurück. Sein Euro sieht so aus wie jeder Euro und er ist ein Mann, der niemals an den Flughafen fahren würde, um eine Reise zu buchen, und ein Mann, der sich niemals in einem Kaufhaus von einer Dame im Kostümchen bedienen lassen würde. Er ist eben »Monster« und ich bin Maryam. Wir passen zusammen. Wir nehmen das alles nicht so ernst und vor allem stellen wir keine unnötigen Fragen. Wer unnötige Fragen auf der Reeperbahn stellt, hat das Prinzip nicht verstanden. Wer nach Skopje oder Sofia will, muss eben dahin. Und wenn es nur *one way* ist, dann ist das auch okay. Wir haben alle eines gemeinsam. Ein Mann, eine Frau, ein Wort. Wer sagt, dass er kommt und zahlt, kommt und zahlt, und wenn er es nicht schafft, kommt zwei Monate später ein Freund, ein Bekannter, ein Mitarbeiter, ein Bruder und begleicht seine Schuld. Das ist viel seriöser und verlässlicher als so mancher Gebrauchtwagenkauf. Es ist ein wenig wie auf einem Basar und Sie wissen: Da kenne ich mich aus.

KAPITEL 15

DER SCHEICH UND ICH

ch habe über die Jahre im Umgang mit den Medien gelernt, dass es fünf Arten gibt, ins Fernsehen zu kommen.
1. Du bist ein Star.

2. Du bist reich und berühmt. Punkt.

3. Du bist arm, möglichst sogar sehr arm, starker Rau-
cher, hast viele Kinder auf wenig Wohnraum und bist Hea-
vy-TV-User. (Müssen Sie mal drauf achten, in diesen Doku-
mentationen steht immer ein übervoller Aschenbecher auf
dem Tisch, daneben liegt die Fernsehzeitschrift und eine of-
fene Chipstüte. Letztere im Gegensatz zum Aschenbecher
im Übrigen halb leer.) Ziel erreicht oder auch nicht.

5. Du bist verrückt. Punkt.

Ich glaube, ich bin irgendetwas zwischen Punkt 4 und
Punkt 5.

Das jedenfalls muss der Grund dafür gewesen sein, dass
stern TV eine Dokumentation über mich produziert hat, so
richtig aus dem Leben gegriffen, wie es so schön heißt. Ein
rundum unverfälschtes Ergebnis flimmerte über den Bild-

schirm, ein Ergebnis, hinter dem ich stehen kann. Ich wollte, dass nichts gestellt wird, das war meine Bedingung, als ich zusagte. Und die beiden Redakteure haben sich wirklich daran gehalten.

In dieser Dokumentation habe ich Geschichten über meine Arbeit, über mich, über den Flughafen und über die Reeperbahn erzählt. An irgendeiner Stelle muss ich in dieser Dokumentation auch gesagt haben, dass ich seit acht Jahren keinen Urlaub mehr gemacht habe. Ich hatte ja schon erwähnt, dass ich mein schlechtester Kunde bin. Ich halte es wie ein guter Kneipenwirt: »Bist du dein bester Kunde, kannst du den Laden dichtmachen.« Gut, ich handle nicht mit Alkohol, trinke nicht einmal welchen, aber ich arbeite eben lieber, als dass ich reise. Ich weiß nie, was ich am Strand machen soll, und teures Essen ist mir auch nicht so wichtig. Ich wüsste also nicht, warum ich bei mir etwas kaufen sollte. Ich weiß aber um die Wünsche meiner Kunden, ich kenne ihre Vorstellungen von Urlaub, ich kenne ihre Vorlieben, ich weiß, dass sie gut essen wollen, dass das Wasser sauber und warm sein muss, dass sie nicht im Hochhaus wohnen, keinen Baulärm haben wollen, das Bett nicht zu weich sein darf, die Anlage gepflegt und vor allem sauber sein muss. Und, ganz wichtig, die Sonne muss scheinen. Immer. Als ein Kunde das an meinem Schalter einmal alles aufzählte, in dieser oder einer anderen Reihenfolge, und ich sagte: »Ah, Sie wollen also an einem Ort Urlaub machen, an dem es keine Vegetation gibt«, war der richtig sauer. Ich habe ihm dann eine traumhafte Reise nach Thailand verkauft. Außerhalb der Regenzeit natürlich, es war schnell klar, dass der Kunde keinen Spaß versteht.

Ich habe in diesem Buch schon eine endlose Liste von menschlichen, skurrilen oder vollkommen abgefahrenen Wünschen aufgezählt. Es liegt eben in der Natur des Menschen, sich für harte Arbeit ein paar Wochen zu belohnen, ob mit oder ohne Familie. Meine Belohnung ist aber kein Urlaub, sondern ein neuer Arbeitstag, danach noch einer und noch einer und so weiter. Das glauben mir die Leute nicht, aber es ist wirklich so. Immer wieder werde ich darauf angesprochen und am Ende glauben mir die meistens eben doch – wenn sie mich kennengelernt haben. Bis auf meine Chefs aus Baden-Baden. Da müssen Tränen des Mitleids geflossen sein, als sie mich in dieser Reportage erzählen hörten, dass ich seit acht Jahren keinen Urlaub gemacht habe. Diese Form des geschäftstüchtigen Mitleids liegt wohl in der Natur der Sache eines Touristikers, diese Gefühle überkommen mich ja auch, wenn ein abgearbeiteter, vom Regen durchnässter Kunde vor mir steht und mit verklärtem Blick auf meine pinken Superangebote starrt.

Meine Chefs aus Baden-Baden luden mich jedenfalls zu einer Reise ein. Zu einer »Inforeise« mit ganz vielen L'tur-Büroleitern (Franchisern), andernfalls hätte ich wahrscheinlich dankend abgelehnt. Es ging nach Abu Dhabi, fünf Nächte, natürlich in Tophotels, die wir kennenlernen sollten. Vor Ort traf ich auch auf eine der größten Incomingagenturen der Emirate, das sind die Menschen, die sich vor Ort um unsere Touristen kümmern. Die buchen die Hotels, organisieren die Shuttles, die Ausflüge – sozusagen die Leute, die in den Urlaubsorten das Herzstück sind. Und dann kam der Boss der Incomingagentur. Wir waren zwölf Personen und saßen bereits im Sheraton-Hotel an einem langen Buffet, zwischen Eisskulpturen und Carabinero-Shrimps. Im Gegensatz zu mir, die äußerst selten Lust hat, diese berufsbedingten Events mit all dem Verwöhngehabe zu genießen, empfinden das in meiner Branche viele anders, für die kann es, wenn man schon im Urlaubsparadies arbeiten muss (und sie sollten eigentlich sagen: im Urlaub arbeiten darf), auch so richtig krachen, schließlich hat man schon alles gesehen und ist verwöhnt. Die Stimmung war also gut bis hervorragend, wenn auch ein bisschen steif, immerhin sieht man den Chef der Incomingagentur nicht jeden Tag und er war für uns ein wichtiger Mann und dieser sehr wichtige Mann setzte sich mir genau gegenüber an den Tisch. Sein Name: Mister

Samir. Natürlich habe ich versucht, mit ihm Small Talk zu halten, glauben Sie mir, das kann man nach 20 Jahren hinter einem Last-Minute-Schalter ganz gut. Mister Samir war sehr freundlich, aber vor allem damit beschäftigt, uns sein Land zu verkaufen. Wir sind beide voneinander abhängig, unsere Zusammenarbeit ist wichtig für uns und natürlich machte er mich darauf aufmerksam, dass er die besten Hotels anbiete. Die Geschichte liegt inzwischen neun Jahre zurück, Dubai war schon ein Urlaubs-Hotspot, aber das Emirat Ra's al-Chaima eher noch ein exotisches Ziel unter den Arabischen Emiraten.

Für mich als Perserin war es besonders interessant zu beobachten, wie die Kolleginnen und Kollegen sich in einem so fremden Land verhielten. Für Europäer sind die Emirate trotz des Tourismus eine vollkommen fremde Kultur. Und das liegt nicht nur an der Kleidung, sondern auch an den Lebensumständen und nicht zuletzt am Essen. Meine Kollegen und ich nahmen uns vom Buffet im Wesentlichen das, was wir kannten. Fisch, Fleisch, Reis. Mister Samir aber hatte sich ganz andere Leckereien aufgefüllt. Auf seinem Teller tummelten sich Gemüsepürees in Sesamöl gegart, exotische Fische, Pistazien, Mandeln und Aprikosen. Schon an der Auswahl der Speisen kann man einen Landsmann erkennen ... Seine Auswahl sah köstlich aus, ich konnte nicht widerstehen. Also nahm ich meine Gabel und probierte. Nun habe ich ja ohnehin die Angewohnheit, die üblichen Floskeln und Small Talks mit Überraschungen aufzubrechen und einen guten Geschäftspartner wie einen Freund zu behandeln – und genau das tat ich mit Mister Samir. Ich steckte meine Gabel in seinen Teller. Es wurde still an der Tafel, man konnte die Eisskulpturen schmelzen hören, die Luft stand, auch Mister Samir vergaß einzuatmen. Ich selbst zögerte zwei Sekunden und sagte dann:

»Mister Samir, du bist doch Araber, oder?«

»Ja.« Das Ja allerdings war das erlösende Ende einer Kunstpause von Seiten Mister Samirs.

»Ein Local.«

»Ja, ich bin ein Local.«

»Siehst du, bei uns in der Wüste isst man doch aus einem Topf, ohne Gabel und ohne Messer.«

Das Eis schmolz weiter, die Kollegen am Tisch verharrten noch immer schweigend, die Gabel zwischen Teller und Mund auf halber Strecke, wie im Dornröschenschlaf eingefroren. Und dann kam die Erlösung, als Mister Samir sagte:

»Ja, genau. So machen wir das.« Und dann steckte er seine Gabel in *mein* Essen. Auf unsere Gesellschaft hatte das eine geradezu erlösende und ansteckende Wirkung. Alle stellten ihre Gerichte in die Mitte des Tisches und jeder probierte von jedem. Plötzlich war es wie in einer persischen Großfamilie und ich fühlte mich an meine Kindheit erinnert. Ich mochte die Emirate schon vorher, von diesem Abend an liebte ich sie.

Als Mister Samir sagte: »Ich liebe es, wenn es so entspannt ist«, sprach er mir also aus der Seele. Wir lachten viel und sprachen wie alte Freunde miteinander. Mister Samir fragte, warum ich hier sei, ob ich gerne in Zukunft Ra's-al-Chaima-Reisen verkaufen wolle. Da brachte sich mein Chef ins Gespräch ein und erzählte Mister Samir, dass ich sehr erfolgreich und dass gerade diese Reportage über mich im Fernsehen gelaufen und diese Reise sozusagen ein Dankeschön an mich sei und dass es einmal nicht ums Geschäft gehe. Das war mir neu, denn bei mir geht es immer ums Geschäft, und als Mister Samir dranblieb und mich fragte, ob ich nicht Lust hätte, seine Hotels vor Ort anzubieten, kamen wir noch intensiver ins Gespräch.

»Was soll ich denn verkaufen?«, wollte ich wissen.

»Es geht um das Nachbaremirat Ra's al-Chaima. Da ist es noch nicht so wie bei unseren Nachbarn in Dubai oder in Abu Dhabi, dort brauchen wir mehr Gäste.«

»Wie viele?«, fragte ich.

»Wir haben jetzt August«, sagte Mister Samir, »bringen Sie mir bis Ende Dezember ...«

»Bis Ende Dezember? Wir machen *last minute*. Sag mir, was du willst, Mister Samir.«

»Gut, *last minute*«, fasste er zusammen. Jetzt nickte er Mister Radek zu, seinem Incomingmanager, der gespannt daneben saß und alles mithörte.

»Dann bringen Sie mir bis Ende August zehn Zimmer. Wetten, das schaffen Sie nicht? Wenn doch, dann sind Sie hier eingeladen, wann immer Sie wollen.«

Ich weiß, zehn Zimmer klingen wenig, es bedeutete für mich, 20 Leute von meinem Schalter am Hamburger Flughafen nach Ra's al-Chaima zu bringen. Heute kein Problem, damals ein *Riesen*problem, denn dem durchschnittlichen Last-Minute-Reisenden war dieser Teil der Emirate nicht nur fremd, sondern auch zu teuer. Es war ein teures Reiseziel, ein sehr teures sogar, besonders für Leute, die eine Last-Minute-Reise berechtigterweise mit Blick auf den hoffentlich günstigen Preis verbinden. Es gab nur wenige Angebote, es gab ab Hamburg keine Direktflüge, man musste über Paris, Madrid oder London fliegen und man brauchte auch als deutscher Staatsbürger ein Visum. Ein Hemmschuh für einen Kunden, der es gewohnt ist, unkompliziert am nächsten Tag auf und davon zu reisen. Kunden, die das Komplizierte schätzen, sind an meinem Schalter eher rar gesät. Eine Reise mit einem Visum war also nicht so leicht im Last-Minute-Geschäft zu verkaufen. *Last minute* und Visum verstehen sich nicht gut.

Und doch konnte ich nicht widerstehen. »Zehn Zimmer

in den kommenden drei Wochen...«, sagte ich, »die Wette nehme ich an.«

Ich drehte mich um zu unserem Hotelvorstand Stefan, der mir aufmunternd zunickte.

»Schaffst du das wirklich?«

Ich antwortete nicht direkt auf die Frage, sondern aß erst einmal weiter. Das Essen war an einem Sonntag, am Dienstag flog ich über München zurück nach Hamburg, am Donnerstag rief ich Mister Samir an.

»Entschuldigen Sie, Miss Maryam, ich glaube, ich habe die Latte zu hoch gehängt«, sagte er zur Begrüßung.

»Zehn Zimmer bis Ende des Monats, ich weiß, dass das unmöglich ist, ich hoffe, Sie sind mir nicht böse, Sie und jeder einzelne Reisegast aus Ihrem Land sind mir natürlich immer sehr willkommen.« Der arme Mister Samir hatte sich Sorgen gemacht, mich eventuell gekränkt zu haben. Ein Fauxpas, besonders in der höflichen und gastfreundlichen Kultur dieses Mannes.

»Schade«, sagte ich, »dann ist unsere Wette ja null und nichtig.«

»Nein, Miss Maryam, das ist sie nicht, Sie dürfen immer hierher zu uns in das Hotel kommen.«

»Ich wollte mich erst einmal bei dir und deiner Agentur für die Gastfreundschaft bedanken. Das schöne Hotel, das unvergessliche Essen...«, jetzt machte *ich* eine Kunstpause, so wie er vor vier Tagen am Tisch. Und dann sagte ich fast beiläufig: »Und dann wollte ich erzählen, dass ich 25 Zimmer verkauft habe.«

Schweigen.

»Miss Maryam, Sie haben Menschen davon überzeugt, vom nördlichsten Punkt in Deutschland in ein unbekanntes Emirat mit 55 Grad Hitze zu reisen? Noch im August?«

»Das habe ich, weil es so ein schönes Land ist und, weißt du, ›heiß‹ ist relativ, schließlich ist es doch irgendwie immer heiß bei euch.«

Ein normaler Westeuropäer spürt ja ab 38 Grad ohnehin nichts mehr. Für ihn ist es einfach nur noch heiß. Das habe ich über die Jahre gelernt, wenn die Kunden mir von ihren Urlauben berichteten.

Wir lachten und was soll ich sagen? Dieser nette Mann lag mir zu Füßen. Und da er ein noch einflussreicherer Mann war, als ich dachte, erzählte er diese Geschichte der rechten Hand des Scheichs des Emirats Ra's al-Chaima. Der Mann heißt Mohab Ghali und der war wiederum so begeistert, dass er damit hausieren ging. Er sagte: »Diese Verkäuferin da am Flughafen in Hamburg hat das Unmögliche möglich gemacht.«

Mohab Ghali ist ein wichtiger Mann, ein sehr wichtiger sogar, denn er baut und verwaltet die Hotels für den Scheich, unter anderem das Waldorf Astoria in Ra's al-Chaima. Er pflegt viele Geschäftsbeziehungen und holt über seine Kontakte die Gäste der europäischen Reiseveranstalter mit ins Boot.

Er sorgt dafür, dass Hotels mit Gästen gefüllt werden, und das wiederum ist eines der wichtigsten Anliegen der Emirate: Tourismus. Und für mich ist Tourismus auch das Wichtigste. Wahrscheinlich fällt es mir schon deshalb so leicht zu sagen: »Ja, ich liebe dieses Land.«

Die Geschichte bekam eine Eigendynamik. Mohab Ghali sorgte dafür, dass sogar der Scheich von Ra's al-Chaima, Faisal bin Saqr Al Qasimi, davon erfuhr. Mehr noch, er besorgte sich über seine Kontakte zur L'tur-Zentrale eine DVD der *stern-TV*-Reportage über mich und ließ sie dem Scheich zukommen.

Jetzt werden Sie sagen, das ist doch nichts Besonderes, in Dubai ist doch jeder ein Scheich, aber das stimmt nicht, es gibt auch Normalos, die nur ein bis zwei 6-Sterne-Hotels betreiben, *einen* Luxusmotorjachthafen besitzen oder nur eine Handvoll Inseln ins Meer gebaut haben. Normalos eben, die ihre Ölfelder bereits verscherbelt haben, weil sie keine Lust mehr hatten zu arbeiten. Jetzt lassen sie arbeiten. Wussten Sie eigentlich, dass in den Vereinigten Arabischen Emiraten so gut wie kein Einheimischer arbeitet? Die Arbeit machen die Ausländer. In den Emiraten wäre ich also lieber Ausländer, bin ich ja auch.

Scheich Faisal bin Saqr Al Qasimi ist als Besitzer einer Fluggesellschaft natürlich an vielen Touristen interessiert, die mit seinen Maschinen in den Traumurlaub fliegen, aber er ist auch ein Mann mit einem großen Herz. Ich war nicht dabei, als Mohab Ghali dem Scheich erzählte, dass ich seit acht Jahren nicht im Urlaub gewesen war, aber es muss geradezu herzzerreißend gewesen sein. Mein Arbeitsleben ging dem Scheich offensichtlich so sehr an die Nieren, dass er anbot, mich einzuladen, um bei ihm Urlaub zu machen. Acht Jahre keinen Urlaub ... vielleicht wollte er auch nur mal jemanden von Angesicht zu Angesicht kennenlernen, der seiner Meinung nach durch die Hölle gegangen

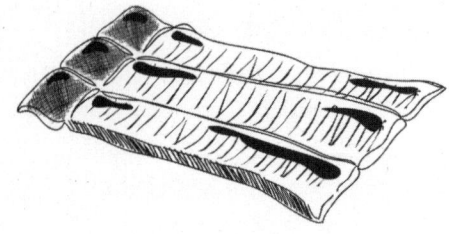

ist. Er versprach, dass man mich wie die Königin von Persien behandeln würde. Ich wusste nicht, was Mister Samir über Mohab Ghali dem Scheich genau erzählt hatte, aber ich fühlte mich geehrt und nahm seine Einladung an. Und da ich den Reportern davon erzählt hatte, dass ein Scheich die *stern-TV*-Reportage in die Hand bekommen und mich daraufhin eingeladen hatte, wollten die meine Reise natürlich sofort mit einem Team begleiten. Was dem Scheich eines bis dato recht unbekannten Emirates nur allzu recht war, um eben das in Deutschland zu ändern.

Dann ging es los, sie buchten einen Flug, Businessclass natürlich. Als ich den Preis sah, wunderte ich mich. Wie kann man so viel Geld für einen Flug ausgeben? Hätte man bei mir günstiger haben können, aber das war ja diesmal nicht mein Problem.

Wir landeten in Abu Dhabi. Die Koffer wurden mir abgenommen und von dem Chauffeur in dem Rolls-Royce verstaut, der auf mich wartete. Ich wurde so hofiert, dass ich gar keine Zeit hatte, darüber nachzudenken, dass mein Cowboyhut-Indiana-Jones-Outfit und meine Lederjacke, auf der auf Holländisch »*Fuck your mother*« stand, vielleicht nicht ganz so gut hierherpassten.

Die Jacke hatte ich von einem holländischen Kunden geschenkt bekommen. Ausgerechnet in Abu Dhabi erfuhr ich von einem Touristen am Flughafen, was darauf stand, ich hatte es bis dahin nicht gewusst, ich kann ja kein Holländisch. Schnell zog ich sie aus und trug sie während meines gesamten Aufenthaltes in Abu Dhabi und Dubai nicht wieder.

Die Limousine war mit allem ausgestattet, was man heute nur aus Folgen der *Geissens* kennt. Da es diese verrückte Neureichenfernsehfamilie damals zwar schon als Familie, aber eben noch nicht als Fernsehfamilie gab, kam mir dieser Vergleich erst Jahre später in den Sinn. Die leben ja wahlweise in Südfrankreich, Südspanien oder der Südsee, Hauptsache Süden, und fahren ihren Reichtum spazieren. Ich bin mir nicht sicher, ob ich es richtig zitiere, aber »Flieg schon mal mit dem Heli vor, ich komm mit dem Lambo hinterher« ist mir als deren Lebensmotto hängen geblieben. Mir wurde klar, als ich mich in die weichen Ledersitze auf der Rückbank fallen ließ, den Fernseher bemerkte und die Bar für mich geöffnet wurde, dass man mir ab jetzt jeden Wunsch von den Lippen ablesen würde. Ich glaube, die Begleitung dachte an Champagner, Himbeeren oder norwegisches Mineralwasser, ich aber hatte einen ganz anderen Wunsch. Ich wollte Bollywoodmusik. Ich liebe das indische Kino, ich habe alle Sha-Rukh-Khan-Filme gesehen. Ich befürchte bis heute, dass der indische Chauffeur dachte, ich würde ihn hochnehmen, doch ich liebe diese Musik wirklich und so saß ich mit meinem Cowboyhut auf der Rückbank des Rolls-Royce und wippte zu indischer Bollywoodmusik.

Bis heute muss ich immer, wenn ich diese Musik höre, an Luxushotels in den Vereinigten Arabischen Emiraten denken, denn die nahm ich sehr interessiert beim Vorbeifahren zur Kenntnis.

An einem Hotel, dem Emirates Palace, durfte ich aussteigen. Als Fachfrau für teure Hotels wusste ich, dass ich von den besten und teuersten Hotels der Welt das wahrscheinlich beste und teuerste betrat. Das heißt, nachdem mich zwölf Dienstboten in Empfang genommen hatten.

»Herzlich willkommen, Miss Maryam!« Man öffnete die Tür. »Ihr Gepäck werden wir dann aufs Zimmer bringen.« Dabei schauten sie die Straße hinunter. Offensichtlich warteten sie auf einen Transporter oder Kleinlaster, der meine Koffer bringen würde, als würde Diana Ross einchecken. Es tat mir fast leid für die anderen elf Leute, die auch gern etwas getan hätten, dass ich nur einen Koffer dabeihatte.

In der Lobby wurde mir Tobias vorgestellt, so eine Art Übersetzer, ein deutscher Guide, ein *Guest Relation Manager,* ich nenne ihn Tobi, den Indiana Jones der Emirate. Dieser Indiana Jones brachte mich auf mein Zimmer und verkündete mit freundlicher, verwegener Miene: »Sie haben rund um die Uhr einen Butler vor der Tür.«

Ich hatte im ersten Moment keine Ahnung, was ich mit einem Rund-um-die-Uhr-Butler anfangen sollte. Das Problem mit meinem Zimmer bestand vor allem in dem Geheimnis seiner Auffindbarkeit. Als ich abends zurück in das Hotel kam, fand ich es nicht wieder, und als ich es nach über einer halben Stunde endlich aufgetan hatte, fand ich mein Bett nicht wieder. Im Nachhinein weiß ich also, wofür man in so einem Hotel einen Butler braucht. Ich habe mir stündlich den Wecker gestellt, nur um zu sehen, ob dieser Butler tatsächlich 24 Stunden da war. Er war da und erschrak sich jedes Mal, wenn ich die Tür öffnete.

Es war zu viel für mich, ich wusste einfach nicht, was ich mit einer Suite von über 500 Quadratmetern anfangen sollte. Ich fühlte mich verloren und bat um ein anderes Zimmer in einem anderen Hotel.

Und das bekam ich, und was für eins. Man versprach mir die absolute Ruhe, den Luxusurlaub schlechthin, einen Urlaub, der der Königin von Persien gerecht würde. Ein Hotel am Indischen Ozean, das Le Meridien Al Aqah Beach Resort im Emirat Fudschaira. Ich kannte das Hotel, denn als das Luxusresort noch nicht einmal eröffnet hatte, hatte ich dort das allererste Zimmer vermietet. Jetzt war ich selbst Kundin.

Dieses Hotel war vor zehn Jahren eröffnet worden, es war das erste Hotel im Emirat Fudschaira, sozusagen »*in the middle of nowhere*«, das unsere Einkäufer uns angeboten hatten. Als mein Kollege Sven Ickstadt mit dem Hotelmanager Patrick Antaki und dem Incomingmanager Mister Radek damals in der Lobby saß – das Hotel war noch nicht eröffnet, aber er wollte es bereits über L'tur anbieten –, rief Sven mich an und bekam sich kaum ein vor Begeisterung. Das Hotel sei Luxus pur. Der Hotelmanager Patrick Antaki fragte sich, warum er ein Hotel, das noch nicht einmal eröffnet hatte, einer Last-Minute-Agentur anbieten sollte? Natürlich, das ist eine berechtigte Frage, und vielleicht hätten wir es auch nie anbieten können, wenn nicht zehn Minuten nach unserem Telefonat eine Oberstudienrätin zu mir an den Schalter gekommen wäre und eine Reise hätte buchen wollen. Ich wusste, wenn es mir gelingen würde, diese Frau in genau dieses Hotel einzubuchen, das noch nicht eröffnet hatte, von dem ich noch nicht einmal genau wusste, wo es eigentlich lag, das bislang noch in keinem Katalog beschrieben worden war, ein Hotel, von dem es außer Modellbildern noch kein einziges Foto gab, dann wäre die Zusammenarbeit mit einem der wahrscheinlich besten Hotels der Emirate gesichert. Ein Geschäft, das ich mir auf keinen Fall entgehen lassen wollte. Also bot ich der Frau einen Deal an.

»Sie geben mit jetzt 3000 Euro und dafür buche ich Sie in einem der besten Hotels der Welt ein, AI.«

Sie guckte mich skeptisch an, mit diesem Blick, den nur eine Oberstudienrätin draufhat, und zögerte. Ich musste also nachlegen.

»Wenn es Ihnen nicht gefällt, dann bekommen Sie von mir persönlich das Geld zurück.« Natürlich, sie gab mir die 3000,– Euro und ich schickte ein Fax mit der ersten Buchung an das Hotel. Sven und Mister Radek saßen noch immer mit dem Hotelmanager Mister Antaki in der Lobby und noch immer versuchten sie, ihn zu überzeugen, das Hotel über uns anzubieten, als mein Fax von einem der Bediensteten zu Mister Antaki gebracht wurde. Er konnte mit unserem L'tur-Logo nichts anfangen und reichte das Schriftstück meinem Kollegen.

»Ist wohl für Sie.«

»Oh nein, Mister Antaki, dieses Fax ist für Sie, es ist die erste Buchung.«

Wie soll ich sagen? Seitdem sind wir sehr enge Freunde, Mister Antaki und ich. Mehr noch, unser Verhältnis ist wie eine Familienbeziehung. Immer wenn ich heute in Abu Dhabi bin, schickt er mir einen Fahrer, der mich nach Fudschaira bringt. Das sind immerhin fünf Stunden Autofahrt. Aber Mister Antaki und ich wollen gemeinsam zu Abend essen, in meinem Lieblingshotel, und am nächsten Morgen fährt der Fahrer mich wieder fünf Stunden lang zurück. Seit Mister Antaki in mein Leben getreten ist, dauert mein Urlaub immer zwei Tage länger.

Und es war natürlich auch mein Freund Mister Antaki, der mich in dem Hotel empfing, als ich Jahre später dort anreiste. Auf Anweisung des Scheichs hatte man noch eine Schippe draufgelegt: Fackeln säumten meinen Weg zur Lobby und diesmal bekam ich eine 750-Quadratmeter-Suite zugewiesen. Auf einem Tisch von etwa zwei Metern hatte man mir zu Ehren alle Nusssorten der Welt aufgetürmt, Champagner und Früchte, die ich noch nie in meinem Leben gesehen hatte.

Aber ich springe, denn mein Urlaub in diesem Hotel sollte erst *nach* meinem Besuch bei Scheich Faisal bin Saqr Al Qasimi stattfinden. Um zehn Uhr morgens sollte es losgehen in den Palast, es blieb noch genug Zeit für einen Cappuccino, den ich mir auch sofort bestellte. *Ein guter Cappuccino*, dachte ich, *da weiß man doch auf der ganzen Welt, was man bekommt.* Denkste. Ich bekam etwas anderes. Statt aufgeschäumter Milch schwamm Blattgold auf meinem Cappuccino. Geschmacklich ist das eigentlich nicht einzuordnen, sieht aber besser aus als eine schlichte weiße Haube auf dem

Kaffee. Ich dachte noch über die Verträglichkeit von Blattgold nach, als mir von Tobi, der mir also nicht nur im Hotel, sondern auch auf allen weiteren Stationen meiner Reise rund um die Uhr zur Verfügung stand, mitgeteilt wurde, der *Hubschrauber* stehe für mich bereit. Auf dem Dach des Hotels.

Klar, welcher persischen Königin würde man auch eine Fahrt in einem Auto von mehr als einer Stunde zumuten? Eine Stunde – so lange würde das Auto doch schon von der Eingangspforte zum Eingangsportal des Palasts brauchen.

Jetzt galt es, sich auf die förmliche Begrüßung des Scheichs vorzubereiten. Der Scheich ist ja nun niemand, dem man auf die Schulter klopft oder mit dem man ein *high five* austauscht. Man musste sagen: »Sheikh Faisal, nice to meet you, your highness, Sheikh Faisal bin Saqr Al Qasimi«, den Blick zu Boden gerichtet. Und das konnte ich natürlich in bestem Englisch einer Perserin sagen, anders als die Kameraleute, wie sich herausstellen sollte. Man darf ja nicht vergessen, der Scheich ist in den Emiraten ein König, dem man entsprechend begegnen muss. Da standen ich und das Kamerateam also vor der rechten Hand des Scheichs, Mohab Ghali. »Sheikh Faisal, nice to meet you, your highness, Sheikh Faisal bin Saqr Al Quasimi«, sagte ich, und so ging es weiter. Es war wie das Spiel »Ich packe meinen Koffer«. Am Ende war der Kameramann an der Reihe und der sagte nur noch so etwas wie: »Scheiß to meet you, your Heini, Scheich Scheusal.« Aber der Scheich war vollkommen entspannt und sprach dieses schöne Englisch, wie man es auch in meiner Heimat spricht. Wir unterhielten uns mit ihm, ich bedankte mich für die Einladung und dann passierte etwas, das mich begeisterte. Denn auch der Scheich wollte Geschäfte machen. Er wollte Touristen geschickt bekommen. Keine einzelnen, sondern Reisegruppen. »Send me groups, Miss Maryam.« Das war durchaus etwas, was ich bewerkstelligen konnte, und das sagte ich ihm auch. Der Scheich war sehr zufrieden und dann wollte er mir sein Privathaus zeigen. Ein Haus? Nein, ein Palast! Wunderschön auf einem Berg gelegen und nur erreichbar mit einem Hubschrauber, einem *zweiten* Hubschrauber. Der andere musste erst gewartet werden, schließlich war er einmal geflogen und damit schmutzig geworden.

Sein Wohnzimmer erinnerte mich in seinen Ausmaßen mehr an eine Mehrzweckhalle als an einen Ort, an dem man *wohnt*. Fünfzig Meter von mir entfernt stand ein Obstkorb mit den leckersten Früchten auf einem Tisch, aber niemand traute sich da ran. Der Weg war ja auch zu weit. An den Wänden hingen Bilder von enormer Größe. Darauf waren Nomaden zu sehen beziehungsweise Beduinen, es waren sehr viele Nomaden beziehungsweise Beduinen. Irgendwann blieb ich vor einem dieser Bilder stehen und fragte Scheich Faisal, warum diese Nomaden hier an den Wänden hingen.

»This is my grandfather«, sagte er mit Stolz in der Stimme. »He found oil.« Er nahm Haltung vor diesem Bild an. Für mich sahen die Männer auf den Bildern alle ähnlich aus, stolze, attraktive Männer jeden Alters, oft war ein Bohrturm im Hintergrund zu sehen.

Wir unterhielten uns weiter und er erwähnte immer wieder Deutschland, er hatte offenbar eine Affinität zu Deutschland. Er schien auch etliches über das Land zu wissen und er hatte bereits viel investiert. *Ein* Investment fiel mir als Hamburgerin natürlich sofort ein.

»Scheich Faisal, Emirates ist doch ein Hauptsponsor dieses Stadions in Hamburg? Denen gehören doch diese Logen, die schicksten im ganzen Stadion?«

»Yes, yes«, bejahte er, wieder mit diesem Stolz in der Stimme, und die Buchstaben dehnte er alle und er sprach jetzt ganz tief.

»Wir haben bald Fußballweltmeisterschaft. Meinen Sie, dass Sie mir ein paar Tickets besorgen können für das Spiel Iran–Mexiko? Und dann kommen Sie mich zum Spiel in Hamburg besuchen?«

Daraufhin sprach er wieder ganz tief:

»No, no«, und erzählte mir, dass er sich aus Fußball gar nichts mache. Er liebe den Falkensport und das Reiten. Das interessiert mich nun aber nicht, auch wenn es natürlich mehr meinen Wurzeln entspricht, und ich scherzte: »Sie wollen nicht? Haben Sie kein Geld? Können Sie sich keinen Flug nach Hamburg leisten? Ich habe sicher ein Angebot für Sie«, dabei lachte ich. Wie oft spricht man schon mit einem Scheich und wie oft gibt es eine Fußball-WM in Deutschland und wie schwer ist es, da Karten zu bekommen? Und ein Spiel des Iran in Deutschland zu sehen ist noch viel unwahrscheinlicher und unmöglicher als all die anderen Punkte. Bei meinem Witz aber trippelte Mohab Ghali im Hintergrund sehr hektisch von einem Fuß auf den anderen. *Der Mann ist 16 Billionen Dollar schwer und so können Sie nicht mit ihm reden!,* sagte er, ohne etwas zu sagen, nur mit seinen kleinen Trippelschritten. Dabei gestikulierte er. Und ich wollte es auch schnell wieder gutmachen.

»Scheich Faisal, dann machen wir es so: Ich würde Sie gern nach Deutschland einladen«, und ich beeilte mich, gleich hinterher zu sagen: »Ich bezahle auch das Ticket. Allerdings bekommen Sie es sehr spät von mir ausgestellt, denn es wird ein Last-Minute-Ticket sein.« Das konnte ich mir dann doch nicht verkneifen.

Da lachte der Scheich und sein Lachen war ungeheuer sympathisch, sehr offen und freundlich. Ich war erleichtert. Ob er jemals nach Hamburg kommen würde oder nicht, ließ er offen. Zeitlich auf das WM-Spiel wollte er sich schon gar nicht festlegen.

Nach dem Termin im Palast stand der nächste Programmpunkt an: eine Rundreise.

Zuerst ging es auf seine Luxusyacht. Eine Minikreuzfahrt mit Champagner und Kaviar. Passt ja auch ganz gut zusammen, und das nicht nur, weil es teuer ist. Aus Respekt und weil ich selbst ohnehin nie Alkohol trinke, rührte ich den Champagner nicht an, ich wusste, dass auch der Scheich niemals Alkohol trinken würde. Nach unserem kleinen Abstecher aufs Meer ging es wieder zurück an Land, ich wurde erneut in den Rolls-Royce gebeten und der fuhr mich direkt zum Einkaufszentrum »Mall of the Emirates« in Dubai. Viele Menschen behaupten ja, es sei das schönste der Welt, zumindest dürfte es zu den größten gehören und deshalb lohnten sich die 90 Minuten Autofahrt im luxuriösen Rolls-Royce allemal. Und dann kam ich in den Genuss der arabischen Gastfreundlichkeit und vor allem des Konversationsstils. In den Emiraten spricht man eine Person stets mit ihrem Vornamen, aber in der dritten Person Plural an. Und so erfuhr ich folgendermaßen, dass eine Kreditkarte über mehrere Stationen mit den Worten »Miss *Maryam*, Scheich Faisal hat das Einkaufszentrum für *Sie* sperren lassen. Viel Spaß!« zu mir auf dem Weg war.

Ich weiß, liebe Leserinnen, wie Sie jetzt kreischen, als würde der Zalando-Mann kommen, den gab es allerdings vor neun Jahren noch genauso wenig wie *Die Geissens*. Aber ich bin Perserin und ich bin Geschäftsfrau. Geschäfte beruhen auf Gegengeschäften und mir fielen Worte wie »Gefälligkeit«, »Harem«, »Diener« und noch viele mehr ein, die zwar klischeehaft klingen mögen, aber ein Klischee hat in der Regel eine lange Wahrheitsgeschichte hinter sich, um zu einem Klischee zu werden. Ich rührte also nichts an. Keine Schuhe, keinen Schmuck, nicht einmal einen Lippenstift. Ich wusste, dass ich nur als Geschäftsfrau würde bestehen können, wenn ich mich auch so verhielt. Und ich konnte die Worte »Send me groups« noch überdeutlich in meinem Ohr hören. Ich bin nicht käuflich und ich bin auch kein Püppchen, das man mit Juwelen ruhigstellen kann. Ich will Geschäfte machen und der Scheich letztendlich auch. Und am Ende machten wir Geschäfte: Ich schickte ihm *groups*, er war glücklich, ich behielt meine Ehre. Das Beste aber: Wir wurden tatsächlich Geschäftspartner und sogar Freunde.

Zwei Jahre vergingen, bis er sich an meine Einladung nach Hamburg erinnerte. Er kündigte sich mit seinem Sohn und Mohab Ghali an, der sicherlich gern mitkam, denn man wusste ja nie, zu welchen Scherzen mit dem Scheich ich diesmal aufgelegt war.

Als ich ihm versprach, dass ich in Hamburg das Gegenprogramm zu meinem Besuch bei ihnen umsetzen wollte, wusste Mohab Ghali natürlich nicht, worauf er, der Scheich und sein Sohn sich eingelassen hatten. Ich habe nämlich keinen Palast, ich kann ihm auch seinen Cappuccino nicht mit Blattgold servieren und eine Yacht besitze ich auch nicht, aber es gibt ja unsere guten alten HADAG-Hafendampfer, mit denen die Hamburg-Touristen und Hafenarbeiter täglich über die Elbe schippern.

Da saß er dann auf dem alten Dampfer aus den Siebzigerjahren. Neben ihm sein Sohn und Mohab Ghali, auf der anderen Seite meine drei Nichten und Neffen Sophie, Afshan und Kian, mit denen er Kinderspiele auf der Holzbank des Dampfers spielte.

In den Händen hielten sie Fischbrötchen, ich hatte jedem meiner Arabiendelegation ein Bismarckheringbrötchen spendiert und ein schönes Holsten Edel alkoholfrei. Meine Nichten und Neffen beließen es bei Franzbrötchen und Apfelschorle. Scheich Faisal war sehr still. Ich hatte keine Ahnung, wie ihm mein Ausflug gefiel, aber er formulierte es später so:

»Die deutsche Gastfreundschaft ist sehr lustig.« Ich hatte ihm ja nichts Großes versprochen, nur ein Gegenprogramm und einen Einblick in mein Leben in Hamburg.

Danach ging ich mit ihm in den »Old Commercial Room«. Eine echte Institution in Hamburg, ein traditionelles Restaurant seit 1795. Die Spezialitäten auf der Karte sind Hambur-

ger Aalsuppe, Spiegeleier, Hamburger Labskaus und als Dessert Rote Grütze. Für ein deftiges Mittagessen genau das Richtige. Gut, auf den ersten Blick erkannte Scheich Faisal die Qualität des Restaurants vielleicht nicht gänzlich, aber er hat schließlich einen Blick und eine Vorliebe für das Traditionelle, und als er seinen Platz am *Captain's table* eingenommen hatte, irgendwie ähnlich wie bei ihm im Palast, bestaunte er auch hier die Fotos an der Wand. Zwar keine Beduinenbilder, aber die bedeutender Menschen mit Hamburg-Bezug: Hans Albers, Uwe Seeler, Helmut Schmidt … denn sie waren alle hier gewesen, und auch wenn der Scheich sie nicht kannte, registrierte er, dass in diesem Restaurant fast ausschließlich Männer gespeist hatten. Frauen ist natürlich der Zutritt nicht verboten, sonst wäre ich ja nicht hineingekommen, aber es kehren auch heute deutlich mehr Männer dort ein. Das mag an der Geschichte des »Commercial Room« liegen, der schon immer ein Restaurant für Hamburger Geschäftsleute gewesen ist – und 1795, bei der Gründung, machten halt nur Männer Geschäfte. Das hat sich über die Jahre zwar verändert, aber ein hoher Prozentsatz der Gäste sind dennoch nach wie vor Männer.

Der Scheich entspannte sich also und guckte nur etwas verwundert, als er einen Teller Labskaus serviert bekam. Dieses einfache Seefahrergericht aus Schweinefleisch, Rindfleisch, Roter Bete, Rollmöpsen und einem Spiegelei muss man mal gegessen haben, wenn man in Hamburg zu Besuch is(s)t. Ich wusste natürlich, dass der Scheich kein

Schweinefleisch essen würde, und so hatte ich schon Tage vorher, als ich den hohen Besuch im Restaurant angekündigt hatte, darum gebeten, unseren Labskaus ohne Schwein zuzubereiten.

Der Scheich war äußerst höflich und wollte mir auch nicht widersprechen, dass man Labskaus *unbedingt* einmal gegessen haben müsse. Bei ihm hatte ich die arabische Küche probieren können, die mir natürlich vertraut ist, Labskaus dagegen war neu für den Scheich. Vollkommen neu. Spiegeleier am Mittag und darunter ein roter Brei, von dem er wahrscheinlich bis heute nicht weiß, was es ist, war ihm definitiv neu.

»I don't understand German food.«

Aber ich glaube, er fühlte sich wohl, auch wenn er nicht verstand, warum man so etwas wie ein Spiegelei isst. Ich hatte das Gefühl, er brauchte danach eine Art Belohnung, die ich natürlich auch sorgfältig geplant hatte. Es war uns gelungen, Hamburgs großes Luxuskaufhaus, das Alsterhaus, nach Ladenschluss um 20 Uhr komplett abzusperren, damit der Scheich zusammen mit seinem Sohn in Ruhe shoppen gehen konnte.

Das schöne Haus direkt an der Binnenalster hatte er ganz für sich allein, so wie ich die Shoppingmall in Dubai. Es war schon ein unglaublicher Anblick, wie alle Abteilungen mit Verkäufern besetzt waren. Alle perfekt gekleidet, sehr schick und sehr aufgeregt, auch wenn sogar Prince Charles und Lady Di schon dagewesen waren. Und dennoch: Da kommt nicht jeden Tag ein König oder Scheich zum Shoppen vorbei. Dass es sich tatsächlich lohnen würde für ein Kaufhaus wie das Alsterhaus, nach Ladenschluss für einen *einzigen* Kunden geöffnet zu haben, hätte ich niemals gedacht. Doch *dass* es sich gelohnt hatte, sah man an den vielen Tüten und Paketen, die nachher auf sein Hotel gebracht wurden. Der Scheich und sein Sohn waren im Kaufrausch gewesen.

Ich habe mich wirklich bemüht, alles so zu machen, wie ich es in Dubai erfahren habe. Und ich weiß, dass es eine große Ehre in meinem Kulturkreis ist, wenn man zu den Gastgebern nach Hause eingeladen wird. Auch ich wollte dem Scheich diese Geste bieten. Gut, nicht zu mir nach Hause. Meine Wohnung ist zu klein. Wenn man wenig zu Hause ist, braucht man keine große Wohnung, und wenn man nicht kochen kann, dann fährt man besser damit, sich familiäre Hilfe zu holen. Und die gibt es in meiner Familie zu jeder Tages- und Nachtzeit. Also wurde ein Festessen organisiert, zu Hause bei meiner Schwester Mina und ihrem Mann Hauke. Bei denen ist es einfach großzügiger als bei mir. Meine Mutter kocht gern und kann gar nicht verstehen, dass Essen für mich nur ein notwendiges Übel ist. (Ein Fehler in der Evolution, finde ich. Warum müssen wir essen?) Der Scheich aber liebt gutes Essen, und als er dann tatsächlich bei uns am Tisch Platz nahm und wie ein Familienmitglied in unserer Mitte saß, fühlte er sich sichtlich wohl. Denn Scheich Faisal ist auch ein Familienmensch und die Zusammengehörigkeit in meiner Familie hat er sicher gespürt und genossen.

Vier Tage lang hatte meine Mutter gekocht, ein Film darüber könnte heißen: »Mama, ich bringe heute den König mit zum Abendessen«. Es ist tatsächlich vergleichbar. Der Scheich spielt in unserem Kulturkreis die Rolle, die Prinz Charles in England spielt. Meine Mutter hat mir natürlich erst kaum glauben wollen, sie dachte, ich bringe irgendeinen wichtigen *Freund* aus Dubai mit, aber ich betonte immer wieder, es sei ein *Scheich*, Scheich Faisal. Das Wort »Schnappatmung« muss spätestens jetzt einmal in diesem Buch vorkommen.

Sie rief eine Freundin an, Frau Doktor Azare, die Medizin in den Emiraten studiert hatte und die Sprache perfekt beherrscht. Sie sollte die Dolmetscherin an diesem Abend sein, aber als der Scheich tatsächlich das Haus meiner Schwester Mina betrat, brachte sie kein Wort heraus. Das Emirat Ra's al-Chaima war uns in der Familie bestens bekannt, denn als nördlichstes Emirat ist die Entfernung über den Persischen Golf hinweg zu meiner Heimat, dem Iran, am geringsten. Den Scheich und seine Familie kannte jeder von uns von Bildern.

Meine Mutter tischte das volle Programm auf. Datteln über Datteln. Datteln mit Nüssen, mit Weintrauben, mit Kokosnüssen. Die regionale Hamburger Küche hatte er ja mittags schon kennengelernt, in dem für uns Unvertrauten lag für den Scheich das Vertraute, ein Stück Heimat.

Ich habe tatsächlich erst später, nach diesem sehr aufregenden Abend, registriert, dass meine Mutter, meine Oma und meine Schwestern Mina und Moni während des Essens in einem anderen Raum gesessen haben. Nur mein Vater, mein Schwager und ich als einzige Frau durften mit dem Scheich an einem Tisch sitzen und speisen. Seine Bodyguards, die extra für die Tage des Hamburgbesuchs abgestellt worden waren, saßen wiederum bei den Frauen am Tisch.

Vor jedem Gang wurden von meinem Schwager auf drei Sprachen alle Zutaten, die sich in dem Essen befanden, erklärt. Wie in einem Gourmettempel. Meine Familie hatte aus dem Internet alle Zutaten auf Englisch und Arabisch gegoogelt und auswendig gelernt. Und das waren ziemlich viele, denn ich glaube, meine Mutter hatte an die 30 unterschiedliche Gerichte zubereitet.

Ich bewundere die Planung meiner Mutter bis heute, wie sie sich perfekt auf die Sitten unseres Gastes eingestellt hatte.

Aus den gegenseitigen Besuchen ist tatsächlich so etwas wie Freundschaft geworden zwischen dem Scheich und mir. Immer, wenn ich in Dubai bin, kommt er aus seinem Palast in mein Hotel und wir trinken zusammen einen Tee und rauchen eine Shisha.

Meine Schwester Monika begrüßt ihn inzwischen mit *high five,* das traue ich mich nicht, ich stehe bei der Begrüßung noch immer mit gesenktem Kopf vor ihm. Er ist einfach ein Mann, vor dem ich einen großen Respekt habe. Wenn er mich morgen anrufen würde und einen bestimmten Wunsch hätte, dann wäre ich sofort für ihn da. Bisher hat er noch nie einen Wunsch gehabt, wahrscheinlich wird er auch niemals einen haben, aber er soll wissen, dass ich alle Hebel in Bewegung setzen würde. Und nach 25 Jahren an einem Last-Minute-Schalter habe ich schon an einigen Hebeln gezogen, glauben Sie mir.

Ich war danach noch viele Male in den Emiraten. Die neuen Villen am Strand von Dubai habe ich als eine der Ersten gesehen und ich durfte sogar eine Miss-Germany-Wahl am Privatstrand des Scheichs abhalten. Was einer Sensation gleichkommt, denn wir alle wissen, wie Models aussehen, und vor allem, wann sie besonders gut aussehen, nämlich im Bikini. Nicht gerade der Dresscode, der in den Emiraten angesagt ist, aber der Scheich hatte mir diese Veranstaltung genehmigt, solange wir den Privatstrand nicht verließen.

Scheich Faisal lässt mir immer wieder überbringen, dass seine Heimat mein »second home« sei. Und sein Land ist über die Jahre tatsächlich zu meiner zweiten Heimat geworden. Die Emirate sind sozusagen mein Ersatz-Iran. Es gibt dort das gleiche Essen wie in meiner Heimat, die Leute tragen den Tschador, sie leben die Gastfreundschaft, die ich so liebe. Meine Heimatgefühle lebe ich inzwischen komplett in den Emiraten aus.

Und der Scheich mit all seiner Herzlichkeit und Gastfreundschaft trägt auf eine enorme Art und Weise dazu bei, dass das so ist. In den Iran hingegen kann ich nie wieder zurück, vor allem seitdem ich als Frau ein Reisebüro auf der Reeperbahn eröffnet habe, das ist mir sogar von der iranischen Botschaft mitgeteilt worden.

Der Scheich aber toleriert das, ich bin eine Geschäftsfrau und als solche nimmt er mich ernst. Das ist als Frau in einem Land wie den Emiraten eine große Ehre. Und ganz nebenbei kann er auch noch mit meiner verrückten Art umgehen. Er ist vielleicht einer der wenigen Hochadeligen dieser Erde, die schon einmal Labskaus gegessen und Holsten Edel alkoholfrei aus der Pulle auf einem Hafendampfer getrunken haben – so ein Mensch muss Spaß verstehen.

KAPITEL 16

DIE MUTTER
DES BRÄUTIGAMS

Kennen Sie das? Sie sitzen im Kino oder vor dem Fernseher und über die Leinwand beziehungsweise über den Flachbildschirm flimmert ein Film, dessen Handlung Sie auf der einen Seite vollkommen unterhaltsam oder fesselnd finden, auf der anderen Seite aber auch vollkommen irreal und zusammengesponnen? Bei Letzterem führt das dann im wahren Leben außerhalb von Kinoleinwand und Hollywoodfilmstudios dazu, dass man im Privatleben oder Berufsalltag gern mal zu Floskeln greift, die diese Brücke schlagen zwischen Fantasieland und Alltag. »Wie in einem schlechten Film«, sagen wir, wenn irgendwie alles schiefgeht, oder sprechen von »filmreif«, wenn uns etwas besonders Spektakuläres widerfährt. Kinobesuche und DVD-Gucken sind ein paar der wenigen Dinge, die ich mir als Zeitvertreib außerhalb der Arbeit gönne. Und so hat es in meinem Leben sowohl Kinobesuche gegeben, die mich besonders fasziniert haben, weil direkt am Anfang in großen roten Lettern »Eine wahre Geschichte« geschrieben stand, als auch solche, die mich kopfschüttelnd zurückgelassen haben darüber, wie man eine Geschichte verfilmen kann, die so jämmerlich zusammengesponnen ist. Ach ja. Und dann war da noch der Kinobesuch, bei dem ich dachte: Wer zum Henker hat die Geschichte nach Hollywood verkauft, die ich gerade erst erlebt habe? Sie vereint die Attribute »filmreif«, »wie im schlechten Film« und »eine wahre Geschichte«.

Ich werde manchmal gefragt, wieso ich mir nach meinem Erstgeborenen, dem Schalter am Flughafen, noch dieses zweite Kind angelacht habe. Das erste war doch aus dem Gröbsten heraus, hatte die Pubertät gut überstanden, Nachbarn und Mitmenschen mochten es. Und als es dann fünfzehn war, bekam es dieses Geschwisterchen, das schon früh zickig, frivol und eigensinnig war. Ich will Ihnen sagen, wieso ich nach Zehnstundenschichten am Airport noch mal einige weitere am Kiezschalter arbeite. Weil die beiden so unglaublich unterschiedlich sind. Und das meine ich in Bezug auf einfach alles, besonders aber in Bezug auf die Kunden. Das Gros der Klientel, die bei mir auf Hamburgs sündigster Meile bucht, würde kaum auf die Idee kommen, einen Last-Minute-Schalter am Flughafen aufzusuchen, und ich habe auch viele Menschen vom Flughafen in die Ferien geschickt, die sich eher am Nasenring durch die Straßen ziehen lassen würden, als jemals auf den Kiez zu fahren (O. K., manche biedere Gestalt fährt natürlich auch genau deswegen auf den Kiez, um sich am Nasenring … aber lassen wir das). Aber dass meine beiden Kids so unterschiedlich sind, liegt nicht nur daran, dass bei meinem Zweitgeborenen Kaufleute aus dem Bereich der Vermittlung von Fleischwaren

(also Zuhälter) und die Damen der besseren Gesellschaft (ich denke, Bordellbesucher empfinden bei ihren Besuchen, dort in bester Gesellschaft gewesen zu sein) bei mir buchen, sondern auch daran, dass dort Menschen buchen, denen es um die Liebe geht oder denen im weitesten Sinne das Thema Liebe zu Kopf gestiegen ist.

Ich erinnere mich an einen Junggesellenabschied, einen Tag später sollte die Hochzeit sein, der damit endete, dass der einzig Nüchterne der Truppe, der Bräutigam des Folgetages, seine Zukünftige vom Kiezschalter aus anrief und fragte, ob man die Hochzeit nicht ein, zwei Wochen verschieben könne, da L'tur auf der Reeperbahn ein unfassbar günstiges Wochenende auf Malle für ihn und seine fünf Jungs im Programm habe, das sie gern buchen würden, um den Junggesellenabschied noch ein wenig zu verlängern. Allein die Frage führte dazu, dass die Hochzeit dann wirklich verschoben wurde. Aber auf unbestimmte Zeit.

Und dann war da noch das Paar, das über ein Jahr lang einmal pro Woche gemeinsam bei mir auftauchte. So über alle vier Ohren verliebt, dass man bei einem Comic kleine rote Herzchen um die beiden Figuren herum gezeichnet hätte. Der Grund ihrer Besuche passte dann auch perfekt zu ihrem ganzen Verliebtsein. Sie wollten eine spektakuläre Reise machen, es sollte, obwohl sie zum Zeitpunkt ihres Abfluges noch nicht verheiratet sein würden, ihre Hochzeitsreise werden. Denn sie wollten im Urlaub heiraten. Was heißt im Urlaub? Im Traumurlaub ihres Lebens. So groß wie ihre Verliebtheit war, so klar war ihre Vorstellung: Es sollte keine 08/15-Reise sein. Sie wollten auf einer karibischen Insel heiraten. Und bitte nicht eine von denen, die massentouristisch mit jedem Charterflieger von Deutschland zu erreichen sind. Also schieden Kuba und die Dominikanische Republik für die beiden aus. Ein Problem, da neben ihren Zielvorstellungen ihr Budget noch eine entscheidende Rolle spielte. Sie wünschten sich die eierlegende Wollmilchsau und auf keinen Fall die Katze im Sack. Man muss den beiden absolut zugutehalten, dass sie für die Erfüllung ihrer Wünsche und somit die Krönung ihrer Liebe sehr flexibel waren. Sie wollten ihren Hochzeitstermin danach ausrichten, wann endlich diese eine Traumreise zu ihrem Budget bei mir im System auftauchte. Und so kamen sie Woche für Woche, um gemeinsam all meine Karibikangebote bei mir durchzugehen. Wir durchkämmten bei unseren fast ritualisierten Treffen die gesamte Inselwelt. Die ABC-Inseln Aruba, Bonaire, Curaçao, die Kleinen Antillen, die British Virgin Islands, die Bahamas, Jamaika, Anguilla, Saint Martin/Sint Maarten (Sie wissen schon, die halb französische, halb niederländische Insel mit den vielleicht spektakulärsten Landeanflügen der Welt). Fast immer war es zu teuer und ich bewunderte die beiden, dass sie so standhaft blieben beim Anblick von Stränden wie mit Puderzucker aufgeschüttet, von Buchten mit kristallklar-türkisfarbenem Wasser, von Hotelanlagen, die einem bekannt vorkamen, bis einem klar wurde, dass man sie schon einmal in Bunte, Gala oder Grazia gesehen hatte, weil dort die Filmstars absteigen.

Ein tolles Paar. Sie wussten, was sie wollten, wollten aber nichts überstürzen. Sie schätzten das Machbare realistisch ein. Sie wirkten beim zwanzigsten Besuch bei mir noch so verliebt wie beim ersten. Es gab nie Streit bei mir am Schalter, weil sie vielleicht uneins gewesen wären oder einer von beiden gesagt hätte: »Das will ich aber jetzt!«, sie waren sich immer einig.

Die beiden werden ein super Ehepaar sein!, dachte ich des Öfteren, wenn ich mich in einer freien Minute an meinen Computer setzte und nach dem passenden Angebot für sie suchte. So wie ich es auch an jenem Tag machte, an dem das Wetter in Hamburg recht spektakulär war. Es war Ende Januar 2012 und das Wetter war spektakulär kalt. Ich kann mich noch daran erinnern, dass es der Tag gewesen war, an dem die zugefrorene Außenalster zum ersten Mal seit vielen Jahren zum Betreten freigegeben wurde. Und dazu muss es lange Zeit sehr frostig sein. Und nach tagelangen Werten um die minus zwölf Grad war es so weit, und vielleicht war das ein gutes Omen für die beiden, die sich so nach Flitterwochen in karibischer Wärme sehnten. Auf meiner Fahrt vom Airport zum Kiez berichteten Reporter in den Nachrichtensendungen im Radio von den Menschenmassen, die sich auf dem gefrorenen Nass eingefunden hatten.

Am Kiezschalter selbst war weniger los als sonst (die, die nicht durchgekühlt vom Schlittschuhlauf mitten in Hamburg zurückkehrten, waren wohl die, die mit Glühweinständen den Reibach ihres Lebens gemacht hatten) und ich hatte Zeit, mich um meine »besonderen Fälle« zu kümmern. Und dann war es wirklich so, als hätte mir jemand bei lebendigem Leibe einen Defibrillator angesetzt, so sehr durchzuckte es mich, als ich einen Flugpreis von unfassbarer Schnäppchenqualität sah (vielleicht ein Systemfehler, vielleicht waren die Leitungen nach Baden-Baden eingefroren), und ich wusste, dass es, weil der Januar nun einmal als Nachweihnachtszeit günstig sein kann in der Reisewelt, wahrscheinlich kein Problem sein würde, dazu die passende Unterkunft für die beiden zu finden.

Es war kurz vor 22 Uhr und ich rief den zukünftigen Bräutigam an.

»Maryam hier, hallo Marco …«

Er wusste sofort, was das zu bedeuten hatte. Aber anstatt zu fragen, was genau ich gefunden hatte, sagte er erst einmal:

»Sandy, Maryam ist am Telefon, komm schnell her …« (zu ihr), und: »Ich mach dich mal eben auf laut, damit Sandy mithören kann« (zu mir. Ist das nicht süß? Er wollte keinen Wissensvorsprung, er wollte es mit ihr gemeinsam genießen!).

»Ich glaube, ich hab es! Euer Honeymoon ist gerade bei mir am Computer aufgeploppt. Ein unfassbares Angebot …«

Er: »Maryam, sag nichts weiter …«

Sie: »Wir wollen das bei dir vor Ort ansehen …«

Beide: »Wir machen uns sofort auf den Weg!«

Sie: »Wenn das für dich O. K. ist; bis wir bei dir sind …«

Er: »…wirds Mitternacht sein.«

Natürlich war das O.K. für mich, es war sogar wichtig, dass sie schnell kamen. Denn bei den Flügen handelte es sich um gerade einmal zwei freie Tickets, die ich nur 24 Stunden lang blocken konnte. Da ich wusste, wo sie wohnten, war ich überrascht, wie schnell sie bei mir auf dem Kiez in meinen Laden stürzten.

Beide: »Sorry, Maryam, dass wir jetzt erst kommen, wo geht es hin?«

Mir wurde es bei so viel Zweisamkeit fast unheimlich. Was für ein tolles Paar.

Ich erzählte ihnen davon, dass die Linienfluggesellschaft von Trinidad und Tobago, British West Indies Airways, vor einiger Zeit den Betrieb eingestellt hatte und nun, nach einigen Übergangsschwierigkeiten, unter neuem Namen, Caribbean Airlines, den regelmäßigen Liniendienst nach Trinidad und Tobago wieder aufgenommen hatte, vor allem innerkaribisch und von den großen US-Städten aus, aber auch einmal die Woche von London aus nach Piarco International, dem Flughafen der Hauptstadt Port of Spain.

Beide: »Tri-ni-dad-und-To-ba-go? Wie geil ist das denn? Das ist ja der totale Wahnsinn!«

»Der totale Wahnsinn ist der Preis für den Flug, eine Art Einführungsangebot, ich würde sagen, ein Selbstkostenpreis. Der Flug ist so saugünstig, dass ich den Hamburg-Heathrow-Zubringer mit BA gleich mit festgehalten habe, der ist fast teurer als die Langstrecke!«

Die beiden waren so aufgeregt und so glücklich, dass es eine wahre Freude war, Teil ihres großen Glücks zu sein.

Gemeinsam setzten wir uns vor meinen Rechner und guckten bis zwei Uhr morgens ein Hotel nach dem anderen auf Trinidad an und ein Hotel nach dem anderen auf Tobago. Flapsig gesagt, muss man sich die Karibik ja im Grunde wie ein einziges großes Standesamt vorstellen. Ich würde sagen, nirgendwo auf der Welt ist es einfacher, anerkannt unter die Haube zu kommen, als dort. Offiziell gibt es für Hochzeiten auf Trinidad und Tobago eine lange Liste von Papieren, die gefordert sind, um die Ehe zu schließen, man muss offiziell drei Tage zuvor bereits ins Land eingereist sein und danach alles in Deutschland beglaubigen lassen. Inoffiziell reicht der Besitz eines Reisepasses und dass man im Vorwege einen Trauzeugen vor Ort organisiert. Oder organisieren lässt, denn das Hotel, das sich die beiden zum Nachweihnachtenschnäppchenpreis aussuchten, bot diesen Service gleich mit an. Eineinhalb Wochen hatten Mrs. & Mr. Love Zeit, alles zu organisieren, und selbst in diese Organisation bezogen sie mich mit ein.

Sie: »Maryam, ich möchte direkt im Brautkleid dorthin fliegen, jeder im Flieger soll sehen, dass ich eine Braut bin!«

Ich: »Du fliegst in die Tropen, Mädchen, bei aller Liebe, aber du wirst klitschnass geschwitzt dort ankommen!«

Er: »Maryam, unser Glück könnte nicht größer sein …«

Ich: »Wartet mal ab, ich melde euch als VIP-Gäste an und ihr werdet mit einer Stretchlimousine vom Flughafen abgeholt, damit deine Süße wenigstens halbwegs trocken im Hotel ankommt! Seht es als mein Hochzeitsgeschenk an.«

Sie: »Ich will dann *sofort*, dass es mit der Zeremonie losgeht!«

Ich: »Eigentlich muss man drei Tage warten, ich kriege das aber hin.«

Er: »Ich will eine supergeile Hochzeitsnacht ...«

Ich: »Dafür müsst ihr natürlich selbst sorgen, ich kann euch nur ein Zimmerupgrade in eine Juniorsuite zusagen ...«

Irgendwie hatten wir alle Tränen in den Augen, als wir in dieser Nacht die Zukunft der beiden, die mit einem Flug HAM–LHR–POS genau elf Tage später beginnen sollte, besiegelten.

Dreizehn Tage später stand eine Frau bei mir im Reeperbahnbüro. Aufgelöst in Tränen. Ein Wrack. Kaum fähig zu sprechen. Radebrechend, weil stotternd und heulend, stellte sie sich als die Mutter des Bräutigams vor, der zu diesem Zeitpunkt vielleicht seit 24 Stunden verheiratet war.

Ich machte mir große Sorgen, dass den beiden Traumreisenden etwas zugestoßen sein könnte. Dachte sofort an einen schlimmen Autounfall.

Sie: »Sie müssen meine Schwiegertochter zurückholen!«

Meine Angst verfestigte sich, schwenkte aber um, dass nur ihm etwas zugestoßen sein könnte.

Und das stimmte auch. Irgendwie zumindest. Erinnern Sie sich bitte kurz noch einmal an den Anfang dieses Kapitels. Kino. Hollywood und so weiter.

Ich: »Das geht nicht so einfach, diese Gesellschaft fliegt nur einmal die Woche nach London. Und es werden Umbuchungskosten anfallen, um eine Woche früher zurückzukehren! Was ist denn eigentlich passiert?«

Und so erzählte sie mir, dass es egal sei, was es kosten würde, ihre Schwiegertochter früher zurückzuholen, sie würde alles übernehmen, und dass sich vor Ort Unglaubliches zugetragen habe.

Die beiden waren also (schweißüberströmt) in ihren Hochzeitsoutfits in Port of Spain gelandet, in die Stretchlimo gestiegen und ins Fünfsternedomizil gebracht worden. Der Transfer dauerte gute eineinhalb klimatisierte Stunden, die wegen der gekühlten Flasche Champagner an Bord auch angenehm schnell verging. Im Resort angekommen, wartete schon der Hotelangestellte Matthew, der als Trauzeuge die Papiere zusammensammelte und die vom Hotel perfekt arrangierte Trauungszeremonie am Hotelpool bezeugte. Ein wundervolles Candle-Light-Dinner am Strand mit vielen rumhaltigen Cocktails und Wein folgte. Die beiden verliebtesten Menschen, die ich je kennengelernt hatte, waren nun offiziell ein Ehepaar.

»Sie gingen aufs Zimmer …«

»Die Juniorsuite …«, verbesserte ich schon der Berufsehre wegen.

»… und starteten in die Hochzeitsnacht.«

Es folgte ein Weinkrampf, der mich ein wenig wütend machte, da er herauszögerte, dass ich endlich begreifen würde, was denn nun eigentlich passiert war … dann fuhr sie fort:

»Meine Schwiegertochter sagte: ›Ich mach mich schon mal fertig …‹, und mein Sohn erwiderte: ›Ich freu mich so. Ist es O. K., wenn ich vorher noch diese eine besondere kubanische Zigarre unten am Strand rauche?‹«

Sie war das Hochzeitsgeschenk des Trauzeugen Matthew gewesen.

»Und meine Schwiegertochter antwortete: ›Natürlich ist das O. K., Liebster, genieße sie in Ruhe. Und wenn du fertig bist, bin ich fertig für dich!‹«

»Und was ist dann passiert?«, fragte ich atemlos vor Spannung.

»Mein Sohn hat beim Zigarrerauchen die Bedienung an der Bar angegraben. Er beschrieb sie als rassige Schönheit mit Latte-macchiato-farbenem Teint. Vater Amerikaner, Mutter Einheimische.«

»Was?«

»Sie haben sich in Ekstase geredet an der Bar. Und diese Ekstase auf ihrem Personalzimmer manifestiert!«

»Wie bitte? Und Sandy?«

»Die war so groggy von den Flugstrapazen und dem Schampus und der Zeitumstellung, die ist in ihrem extra für diese Nacht erworbenen Negligé sofort eingepennt und hat ihn somit gar nicht vermissen können!«

»Sie veräppeln (mein Wort war ein anderes) mich!«

Sie heulte laut auf.

»Und als meine Schwiegertochter am nächsten Morgen aufwachte, war er nicht da. Sie wusste gar nicht genau, was passiert war … die lange Anreise, der Alkohol, die Zeitumstellung, die Hochzeit, sie war völlig durch den Wind!«

»Was hat sie gemacht?«

»Sie hat ihn auf dem Handy angerufen! Und mein Sohn, dieser miese Kerl, ist rangegangen und hat Schluss gemacht mit ihr, weil er sich hoffnungslos in die Bardame verliebt und mit ihr die Nacht verbracht hatte!«

Ich kann nicht so richtig in Worte fassen, was in mir

vorging. All das war zu unglaublich. Eben: wie im schlechten Film. Wie bei einem Plot, von dem man denkt: Wieso konnte sich der Drehbuchautor nicht eine *etwas* realistischere und unvorhersehbarere Geschichte ausdenken? Und als ob das alles nicht schon irrsinnig genug gewesen wäre, saß hier am Schalter auf dem Kiez ausgerechnet die Mutter des Alleinhauptschuldigen und bat um die Rückholung ihrer Schwiegertochter. Diese Familie steckte irgendwie voller Liebe und Mitgefühl.

Ohne die Buchung eines Fluges mit einer ganz anderen Airline, was das Finanzielle der Mutter des Bräutigams überschritten hätte, war es nur möglich, Sandy auf den Flug mit Caribbean Airlines eine Woche früher via London nach Deutschland zurückzuholen. Was immer noch bedeutete, dass die beiden, nach all dem, was in den vergangenen 48 Stunden passiert war, fünf Tage im gleichen Traumhotel auf der Trauminsel Trinidad verbringen mussten. Wenigstens war ich in der Lage, aus einer Juniorsuite zwei Einzelzimmer zu machen. Wären die Stunden zuvor nicht so unfassbar schlimm für die Braut gewesen, hätte ich behauptet, es müssten die fünf schlimmsten Tage ihres Lebens gewesen sein. Marco und die Latte-macchiato-farbene Bardame haben ihre frischen und ekstatischen Gefühle nicht verborgen vor Sandy …

Sie hoffen noch, dass die beiden sich innerhalb der Tage wieder zusammengerauft haben? Vergessen Sie es. Denn wissen Sie, was? Ein Kino können Sie vorzeitig verlassen, eine DVD auf Stopp stellen. Aber das wahre Leben geht weiter. Und Happy Ends gibt es eben oftmals nur in Hollywood.

KAPITEL 17

46 B

Verkaufen bedeutet ja auch immer, ein Gespür für Stimmungen, Launen und Allgemeinzustände zu haben. Mein Vater hatte ein untrügliches Gespür dafür. Wir Perser sind ein emotionales Volk, wir tragen unser Herz auf der Zunge, wir können uns vielleicht freuen wie kaum ein anderes Volk auf der Welt, wir können uns dafür aber auch ärgern wie kaum ein anderes Volk auf der Welt. Man gucke sich nur die Demonstrationen in unserem Land an, da weiß man, woher der Wind weht. Beim Teppichkauf sind die meisten Kunden einigermaßen ausgeglichen, in Shoppinglaune sozusagen. Ich glaube, mein Vater liebte Menschen in Shoppinglaune, schon bevor das Wort erfunden wurde, und er besaß die Gabe, sich immer auf die finanziellen Möglichkeiten der Kunden einzustellen. Blitzschnell legte er sich eine Strategie zurecht, um die Verhandlung über den Preis am richtigen Punkt ansetzen und auch am richtigen Punkt beenden zu können. Was bringt es, wenn der Kunde den Teppich unbedingt haben will, ihn aber nicht bezahlen kann? Entweder biete ich ihm einen kleineren, günstigeren Teppich an oder ich verkaufe ihm den Traumteppich knapp über dem Großhandelspreis. Am Ende ist schließlich auch das noch ein Geschäft.

Viele dieser Strategien kann man auch in der Reisebranche nutzen. Kommt eine Familie zu mir, Ringe unter den Augen, quengelnde Kinder an der Hand, im Kinderwagen schreit noch ein Baby, so weiß ich sofort, dass ich das Fenster »Aktivurlaub« auf meinem PC mal ganz schnell schließen kann. Kommt ein junges Paar zu mir an den Schalter, die Finger mehr unter dem T-Shirt des anderen als darüber, weiß ich, dass es denen eigentlich egal ist, wo es hingeht, Hauptsache Doppelzimmer und gemütliche Betten.

Schwieriger ist dagegen abzuschätzen, was los ist, wenn Kunden *nach* der Reise zu mir kommen. Und zwar auf dem direkten Weg! Wenn sie die Koffer die Treppen aus der Ankunftshalle hoch zu meinem Schalter bugsieren, anstatt direkt in das Taxi zu steigen, das sie komfortabel nach Hause bringen könnte. Wenn sie sogar noch den Terminal wechseln, nur um mich zu sehen, dann könnte ich mich eigentlich freuen. Tue ich eigentlich auch immer, denn meistens wissen meine Kunden Gutes zu berichten. Aber es gibt natürlich auch Ausnahmen, das liegt nun mal in der Natur des Reisens.

Das Paar, das vor ein paar Jahren vor mir stand, kam aus Mexiko. Ich schätze sie auf Mitte 50. Sie ziemlich verbrannt im Gesicht, eine Muschelkette von der Strandpromenade um den Hals und dazu noch ein Hennatattoo. Er mit einem Strohhut, tief ins Gesicht gezogen, mit schicker Banderole in den Farben der mexikanischen Flagge. Wenn Sie mich fragen, dann sieht so ein Paar nach einem ausgelassenen Urlaub aus. Es fehlte nur noch das Cocktailschirmchen im Mundwinkel. Mundwinkel? Ein gutes Stichwort, denn *die* waren bei beiden nach unten gezogen. Noch tiefer als bei Frau Merkel. Und trotzdem hatten sie so gar nichts Staatsmännisches.

Irgendetwas war nicht in Ordnung. Ich setzte mein »Nach der Reise ist vor der Reise«-Gesicht auf und lächelte sie an. Es hätte alles passieren können. Ich rechnete auch mit allem, nicht aber damit, dass der Mann mit dem lustigen Mexikanerhut seine Digitalkamera einschalten würde. Ich bereitete mich schon auf den Schnappschuss meines Lebens vor, doch anstatt die Linse auf mich zu richten, drehte er die Kamera um.

»Ich liebe Urlaubsfotos«, flötete ich, denn dass ich jetzt etwas zu sehen bekommen würde, was mich vielleicht selbst überraschen würde, war mir klar, auch wenn die beiden bis zu diesem Moment noch kein Wort gesprochen hatten.

»Gucken Sie sich das an!«, fuhr der Mann mich an, während er in bester Cowboymanier an seine Hutkrempe tippte und mir den Fotoapparat gab, als sei es ein Colt. Ich guckte auf das Display und sah Streifen. Viele Streifen. Weiße und blaue Streifen. Es war ein Bauch zu sehen, ein zugegeben sehr dicker Bauch, eingezwängt in ein Streifenhemd. Und Hosenträger, die wie ein Bilderrahmen dem Bauch noch zusätzliche Wucht verliehen. Ich erkannte einen Flugzeugsitz, die Arm-

lehne quetschte den Bauch zusammen. Überall war in Streifen gehülltes Fett.

»Drücken Sie neben dem Display auf den rechten Schalter, dann sehen Sie mehr.«

Auf dem nächsten Foto sah ich, wie sich ein sehr dicker Hintern sehr dicht an die Kamera schmiegte. Die Armlehne war nach oben geklappt, der Mann auf dem Flugzeugsitz schien zu schlafen. Er hatte die Arme ausgebreitet, der Arm ruhte auf dem Bein der Frau mit dem Hennatattoo.

»Ich saß auf Platz 46A, dem Fensterplatz, meine Frau auf der Hälfte des Mittelplatzes 46B. Elfeinhalb Stunden«, sagte der Mann mit dem Mexikanerhut, »und wo, glauben Sie, saß dieser Mann?« Für den Rest des Satzes trieb er die Lautstärke seiner gesprochenen Worte deutlich nach oben. Dann wollte die Frau mit dem Hennatattoo auch noch etwas sagen.

»Nein, mein lieber Eberhart, dieser Mann saß auf den Plätzen 46 B *und* 46 C.« Sie schüttelte sich. Ich denke, vor Ekel. »Wir teilten uns 46 A, den Fensterplatz.«

»Und der hat geschwitzt …«

»… und geschlafen …«

»Aber schlafen als solches …«, warf ich ein, »ist natürlich nicht verwerflich … und manchmal nötig«, führte ich den Satz zu Ende.

Die beiden standen jetzt wie zwei Theaterschauspieler am Bühnenrand vor meinem Schalter. Es sah aber nicht so aus, als würde diese Vorstellung in tosendem Applaus und mit »Zugabe! Zugabe!«-Rufen enden. Ich meine, ich bin ja nicht seit gestern in der Reisebranche tätig, ich wusste schon, worauf diese Beschwerde hinauslaufen würde, und ich ging im Kopf schon alle Möglichkeiten meiner Parade durch. Wissen Sie, ich will zufriedene Kunden, auch wenn sie eine bei mir gebuchte Flugreise gemeinsam auf einem Platz verbracht hatten. Die Argumentation *Sie haben doch auch ein Doppelbett, wo ist das Problem, sich einen Flugzeugsitz zu teilen?* verwarf ich schnell wieder, als ich unterbrochen wurde.

»Das Schnarchen übertönte die Musik aus dem Bordkanal – bei maximaler Lautstärke«, setzte Eberhart wieder an.

»Ach, viel schlimmer war dieser Arm, der immer auf meinem Oberschenkel lag.«

Eberhart nahm seine Frau in den Arm.

»Drücken Sie bitte auf den Knopf und schauen Sie sich das nächste Foto an.«

Ich tat es und konnte erst nicht genau erkennen, was ich auf dem sehr dunklen Bild zu sehen bekam. Der Mund des Mannes war aufgerissen. Das Kabinenlicht hatten die meisten Passagiere ausgeschaltet. Die Augen des Mannes waren geschlossen. Das Foto zeigte sehr detailliert sein verzerrtes Gesicht.

»Er hustete«, sagte Eberhart mit dem Mexikanerhut.

»Mit Auswurf«, ergänzte sie.

»Ach, mein Spatzl, meine arme Hiltrud.«

»Und Sie haben während des Hustenanfalls die Kamera vor sein Gesicht gehalten und ihn fotografiert?« Ich muss zugeben, dass mich Menschen in ihrem Willen, Geld erstattet zu bekommen und dazu die unmöglichsten Dinge zu tun, beeindrucken. Und ich muss auch zugeben, dass sie mein uneingeschränktes Mitleid hatten. So etwas kann ja leider passieren. Wie ein Vierer im Lotto – nur umgekehrt. Der Flug muss der Horror gewesen sein.

Auf dem nächsten Foto konnte ich sehr deutlich den nassen Fleck auf der Hose von Hiltrud sehen, überflüssig zu erklären, was es war.

»Er hat immerzu gehustet«, ich griff nach der Hand der Frau. In mir wuchs das Mitleid immer stärker an. Ich wollte fragen, was die beiden unternommen haben, um ihr Hoheitsgebiet zu verteidigen. Ob mit dem Mann zu reden war. Doch sie war mit ihren Ausführungen noch nicht am Ende und nickte mir aufmunternd zu, die Fotos weiter anzuschauen. Ich sah einen feuchten Anschnallgurt, diesmal vom Blitzlicht gut ausgeleuchtet.

»Mein Gott, haben Sie denn nicht versucht, mit ihm zu reden? Oder mit einer Stewardess? Haben Sie die ganze Zeit über nur Fotos gemacht? Ich meine, das sind ja keine schönen Erinnerungsbilder …«

»Als Beweis«, schaltete sich Eberhart ein.

Sie fiel ihm ins Wort. Mit einer Antwort, die nichts für schwache Nerven ist: »Nur wie ich mich auf der Bordtoilette übergeben musste, habe ich nicht dokumentiert.«

»Das finde ich wirklich entgegenkommend …«, sagte ich und ich meinte es auch so.

»Bei der Landung«, setzte Eberhart die Beschwerde fort, »habe ich mit meiner Frau den Platz getauscht und mich gut festgehalten, denn den Anschnallgurt konnte man aus bekannten und gut dokumentierten Gründen ja nicht mehr benutzen.«

»Haben Sie denn nicht ein Mal der Stewardess Bescheid gesagt?«, versuchte ich es noch einmal und drückte dabei auf den Schalter am Fotoapparat. Mit einem Klicken erschien das nächste Bild. Man sah die Zimmertür eines Hotels. Eine Spinnwebe am Türrahmen. Klick. Nächstes Bild. Die Toilette eines Hotels. Sauber war sie nicht. Klick. Der Schmutz im Hotel, noch einmal in Nahaufnahme. Ich wurde, wie soll man sagen, neugierig. Und skeptisch. Und drückte weiter. Klick. Ich sah eine Matratze, einen Hotelflur, einen Pool, einen Mülleimer, eine Baustelle, einen Leihwagen mit einem Kratzer und – klick – Algen im Meer, es folgten die Fotos des Fluges. Es gab nicht *ein* Urlaubsfoto. Der Diaabend müsste einen wahrlich abscheulichen Titel bekommen und ich wusste also, dass ich jetzt keine weiteren Fragen zu ihrer Reise stellen sollte. Zu sehen waren Kleinigkeiten. Fast alles nicht wirklich schlimm, wenn man ein Dreisternehotel in einer Gegend bucht, in der es keinen zwei Sternen in Europa entspricht. Zu einem Preis, für den man normalerweise nicht auf die Kanaren kommt. Natürlich muss auch dort die Leistung stimmen. Aber wo fängt es an – dass eine Spinnwebe einen stört – und wo hört es auf – dass man aktiv nach Mängeln sucht? Ich würde nicht nachweisen können, wem der Schmutz in der Toilette gehörte. Und selbst wenn ich nachfragen würde, die Geschichten dazu wären wahrscheinlich unendlich. Es gibt Kunden, die suchen nach Beschwerdegründen, es gibt Kunden, denen kann man es nie recht machen. Ich glaube, dieses Paar war eben so veranlagt, aber die unangenehme Rückreise tat mir bei aller Beschwerdefreudigkeit wirklich leid.

Ich nahm die Frau in den Arm und entschuldigte mich bei Eberhart, der anerkennend seinen Hut lupfte. Ich versprach den beiden, sie bei meinem nächsten Superschnäppchen anzurufen und ihnen auf dieses Superschnäppchen einen Super-Maryam-Rabatt zu geben. Ich drückte ihnen sogar auf der Stelle jeweils einen 20-Euro-Rabatt-Gutschein in die Hand. Ja, das tat ich. Später habe ich erfahren, dass sie sich zur Sicherheit auch noch bei der Flughafengesellschaft, dem Autovermieter und dem Hotelchef beschwert hatten. Aber bei mir beschwerten sie sich nie wieder, im Gegenteil. Zwei Monate später flogen sie nach Portugal. Beide Tickets 20 Euro billiger. Und ich achtete darauf, dass es nur Zweiersitzreihen in der Maschine gab. Ich habe nie wieder etwas von ihnen gehört und musste mir auch keine Urlaubsfotos anschauen. Ich werte das mal als totalen Erfolg.

KAPITEL 18

LADYS FIRST

Kennen Sie Udo Lindenberg? Ich meine nicht persönlich. Manche Hamburg-Wochenendtouristen kennen ihn womöglich persönlich, da er ja statt in einer Wohnung in einem Hamburger Fünfsternehotel wohnt, und das, was für unsereins das Esszimmer ist, ist für den wundervollen Udo Lindenberg die Hotelbar. Ich liebe Udo Lindenberg. Kaum ein Mensch hat es, meiner Meinung nach, so vortrefflich geschafft, ein Gefühl zu beschreiben, das jeder Hamburger kennt, der sich ein wenig auf dem Kiez, also St. Pauli, auskennt. St. Pauli bringt ja ein Lebensgefühl mit sich, das vielleicht einzigartig ist in Deutschland. Das hat bestimmt mit dem FC St. Pauli zu tun, seinen kultigen Fans, die einen Kult machen um ihre kultige Gesinnung rund um Totenkopf und Spielfreude. Zum anderen aber natürlich auch damit, dass St. Pauli im allerbesten Sinne multikulti ist. Auf St. Pauli ist man allem gegenüber offen. Und das meine ich gar nicht in erster Linie in Bezug auf Praktiken im horizontalen Gewerbe. Nein, ich beziehe mich da auf die Offenheit anderen Kulturen gegenüber. Natürlich gibt es Ausbeutung, Schicksale und Scheusale auf dem Kiez. Wo gibt es die nicht? Aber wer diesem Milieu verfallen ist, der schätzt *seinen* Kiez mehr als alles andere. Und ich verstehe das. »Reeperbahn – ich komm an, du geile Meile, auf die ich kann / Reeperbahn – alles klar, du alte Gangsterbraut, jetzt bin ich wieder da / Bist auferstanden aus all dem Siff / Jetzt legen wir wieder an mit unserm Schiff / Reeperbahn – alte Braut / So'n Comeback hätt ich dir gar nicht zugetraut«, singt Udo Lindenberg in seiner Kiezhymne »Reeperbahn«. Und wissen Sie was: Zeigen Sie mir, wo ich unterschreiben soll, und ich unterschreibe jede einzelne Zeile. Und wenn Sie denken: Stimmt, nettes Lied, und den Song bei iTunes herunterladen wollen, dann gebe ich Ihnen einen zweiten Kauftipp für die Playlist: »Oh, St. Pauli, du kennst mich / und du machst es mir leicht / Oh, St. Pauli / man fühlt sich wie ein Gewinner, obwohl man nichts erreicht / … / Oh, St. Pauli / du elendes Miststück kriegst mich nicht klein / Oh, St. Pauli / wenn ich weg bin, wirst du immer noch da sein / Samstagnacht kommen sie von überall her / und Sonntagmittag bist du wieder menschenleer / wie hältst du das nur aus?« Hamburgs führender Liedermacher hat das geschrieben. Bernd Begemann heißt er, und würde ich Karaoke nicht nur lieben, sondern auch können (sollten *Sie* es tun: Besuchen Sie die *Thai Oase* auf dem Kiez, eine bessere Karaokebar finden Sie weder in Asien noch in Vegas), auch dieses Lied gäbe ich ständig zum Besten.

Der Kiez also ist Lebensgefühl. Und für mich auch ein großer Lebensinhalt. Manche Dinge, die mir hier passieren, würden mir nicht am Airport passieren. Ich gehe noch weiter: würden in keinem anderen Reisebüro auf der ganzen Welt passieren.

So wie an dem Tag, an dem ein langjähriger Stammkunde von mir den Laden betrat. Bevor ich dazu komme, was da genau geschah, würde ich Ihnen den Mann in bestem Alter von Anfang 30 gern erst einmal vorstellen: Er kommt aus einer Familie, die ihre Existenz aus dem Nichts aufgebaut hat. Die Eltern: erste Einwanderergeneration nach Deutschland in den 60er-Jahren. Italiener. Er: geboren in Hamburg. Waschechter Hamburg-Italiener. Die Eltern haben geschafft, was auf eine andere Art und Weise auch meine Eltern erreicht haben. Sie kamen nach Deutschland und hatten nur eines und das war: nichts. Und bauten etwas auf aus eben diesem Nichts. Es ist so leicht zu sagen: »ein kleines Imperium«. Das hört sich auch unnötig hochtrabend an. Also sage ich lieber: Sie machten sich selbstständig und haben im Laufe der Jahre eine Menge Arbeitsplätze geschaffen. Bei ihnen heuern wiederum Menschen an, die hier in Deutschland erst einmal vor dem Nichts stehen. Das ist bewundernswert und sollte jedem politisch Minderbemittelten, der lieber rechts von rechts wählt, jeglichen Wind aus seinen jämmerlichen Segeln nehmen, von wegen dass Einwanderer den Deutschen die Arbeitsplätze wegnehmen. Es gibt genug Einwandererfamilien, die den Deutschen Arbeitsplätze *geben*. Das Gewerbe der Familie ist übrigens im weitesten Sinne die Gastronomie.

Giuseppe, genannt Pepe, bucht schon seit vielen Jahren bei mir. Wie seine Eltern auch. Ihre Heimatbesuche in Apulien haben sie, glaube ich, niemals woanders gebucht als bei mir. Ich weiß mehr über die Fußballer des US Lecce als über die von Werder Bremen, mit so viel Inbrunst teilt Pepes Familie ihre Leidenschaft. Pepe ist sofort nach dem Abitur in die Fußstapfen des elterlichen Betriebes getreten. Hat mit 18 mehr gebuckelt als seine gleichaltrigen Freunde, die erst einmal ein »Sabbatical« in Pennsylvania machten, sich vom Abistress erholten oder sich in »Angewandte Kulturwissenschaften« an der Uni Lüneburg einschrieben, um Zeit zu gewinnen bis zum bevorstehenden Ernst des Lebens. Der Ami würde sagen: Giuseppe war sofort in einem 24/7-Job. Ein Problem solcher Jobs liegt auf der Hand: Du musst deinen Job lieben. Und wer seinen Job zu sehr liebt, verbraucht womöglich seine Liebe komplett. Da bleibt weder Zeit noch Liebe für eine Beziehung. Und es war bei Weitem nicht so, dass Pepe es nicht gewollt hätte. Italiener sind per se nicht lieblos. So manches Mal wenn er bei mir im Reeperbahnbüro herumhing, sprach er offen darüber, wie glücklich er im Job sei und wie unglücklich darüber, noch immer keine Frau fürs junge Leben gefunden zu haben. »Vielleicht lerne ich ja eine tolle Frau auf der Tribüne des US Lecce kennen…«, war so ein Satz, der mir im Ohr ist. Da war er vielleicht Mitte 20. Als er auf die 30 zuging, verlagerte sich der Schwerpunkt seiner Buchungen bei mir. Sie waren noch geplanter darauf ausgelegt, eine Frau im Urlaub kennenzulernen. Sie verlagerten sich nach Asien.

Manches Mal kam er zurück und sagte: »Ich glaube, da geht was.« Oder: »Maryam, mich hats erwischt.« Mit

Anfang 30 buchte er im Grunde einmal pro Jahr einen Trip nach Thailand.

Er war vielleicht 33, als ich eine SMS von ihm aus Bangkok bekam. Sie las sich, als hätte sie einer geschrieben, der, wie ein Honigkuchenpferd vom linken bis zum rechten Ohr grinsend, das Glück seines Lebens gefunden hat. »Maryam, mich hats erwischt! Mehr, wenn ich wieder in Hamburg bin! Pepe.« Ein paar Wochen später kam er zu mir ins Büro auf der Reeperbahn. An seiner Seite so etwas wie eine absolute Traumfrau. Rank, schlank, perfekt gebaut. *Lieber Gott, wieso hat sie alles bekommen, was ich nicht hab?*, war mein erster Gedanke. Sorry, dass ich es so deutlich sage: perfekt geformte Brüste, die in jeder Frau entweder Neid oder Bewunderung aufsteigen lassen. Ein Hintern wie ein Apfel. Der reine Wahnsinn. Eine Thaischönheit von Mitte 20. Ein wenig wunderte mich nur: Ihre Schönheit, ihre Ausstrahlung korrespondierte kaum mit seinem Gesichtsausdruck. »Hi Maryam, das ist Lu, wir brauchen einen Rückflug nach Bangkok!« Ich freute mich für Pepe. Für mich spielte es überhaupt keine Rolle, dass er die große Liebe in Thailand gefunden hatte. Für mich spielt es als Perserin und als Frau vom Kiez keine Rolle, wer wo und mit wem seine Liebe findet. Es sah auch nicht nach gekaufter Liebe aus, und glauben Sie mir, wer auf dem Kiez arbeitet, kann den Unterschied zwischen gekaufter und gelebter Liebe sehr wohl erkennen. »Pepe, erst einmal freue ich mich so sehr für dich. Schade, dass deine Süße schon zurückmuss …«

Er verzog leicht sein Gesicht und bat mich, nach einem zeitnahen Flug nach Bangkok zu suchen. Gesagt, getan, gefunden. »Muss sie denn so schnell zurück? Dann hab ich morgen ein Schnäppchen mit Emirates via Dubai nach Bangkok.« Ich nannte ihm noch schnell den guten Preis. »Machen wir, Maryam!« Lu himmelte ihn an, während er sich um ihr Wohlergehen kümmerte. *Oh Gott, ist die süß!*, dachte ich, während ich mich so sehr für meinen langjährigen Stammkunden freute. »Maryam, ich zahle alles …« Ach, wie schön sich das alles anfühlte.

Zum unausweichlichen Prozess einer Buchung gehört dann natürlich das Aufnehmen der Buchungsdaten. Da sie kein Englisch sprach, übernahm Pepe alles für seine Liebste. »Pepe, dann brauch ich für die Buchung die Daten von Lu …« (Der neidische Teil in mir dachte, er *muss* jetzt »90-60-90« sagen.) Aber ich sagte: »Ich brauche den Namen. Misses …?«, und erwartete, dass er mir ihren vollen Namen nennen würde. Stattdessen flüsterte er mir ein leises »Mister« entgegen. Ich wiederholte, da ich meinte, er wolle *seinen* Namen angeben: »Nein, erst Misses …?« »Mister!« Sechsmal ging das Spiel hin und her. Am Ende sagte ich etwas schroff: »Pepe, *ladys first*, bitte, erst *sie*. Also, Misses …?« »Mister!«, schallte es wie ein schwerhöriges Echo, das die Antwort leicht vernuschelte. Es wurde mir echt zu doof. »Was meinst du, verdammt noch mal, damit?« Die Antwort war so unzweideutig wie kaum zu glauben: »Sie hat … (eine Pause der Verunsicherung) Eier zwischen den Beinen!« Sie lachte freundlich. Ich fühlte mich so, als hätten Bauarbeiter Pepe einen Vorschlaghammer geliehen, um mir auf den Kopf zu hauen. Mehr als ein »Was?« bekam ich, die Frau, die Reden in Grund und Boden redet, nicht heraus. Die Antwort war schonungslos ehrlich: »Ich hab sie doch aus Thailand mitgebracht, ich war so verknallt! Aber erst hier in Hamburg hab ich gemerkt, dass sie ein Kerl ist, sie hat Eier zwischen den Beinen. Und ein Gebimsel! Erst hier, beim ›Auspacken‹, hab ich gemerkt, dass sie ein Kerl ist!« Ich: »Und nun denkst du: *Return to sender*?« »Ja! Ich wollte eine *Frau* fürs Leben! Und bekam … (Pause) *ihn*!«

Soll man da lachen oder weinen? Zumindest habe ich selten wieder in meinem Leben eine so perfekte Frau gesehen.

KAPITEL 19

WAS ICH IHNEN NOCH SAGEN MUSS

Vielleicht kommt es Ihnen seltsam vor, hier so viele seltsame Geschichten darüber zu lesen, wie seltsam meine Kunden sind. Wissen Sie, natürlich überlegt man sich für so ein Buch, was eigentlich die besonderen Geschichten gewesen sind, die einem in mehr als zwei Jahrzehnten in diesem Job passiert sind. Und das Seltsame brennt sich selbstverständlich unweigerlich bis in die letzte Gehirnwindung ein. Das Wort »unfassbar« überschreibt diese Schublade der seltsamen, merkwürdigen Geschichten. Wenn ich all das hier noch einmal lese, glaube ich manchmal selbst nicht, dass mir so viele seltsame Kundenbegegnungen passiert sind. Und vielleicht wirkt es auf Sie so, als ob ich mich lustig mache über all diese seltsamen Begebenheiten an meinem Schalter und in meinem Reisebüro. Sei es am Hamburger Flughafen, sozusagen in meinem Wohnzimmer, oder an meinem Kiezschalter, in meinem Schlafzimmer (rein auf die Uhrzeit bezogen, nur die wenigsten Tage der Woche schlafe ich wirklich im Backoffice …).

Aber wissen Sie, ich mag Menschen. Ich liebe Kunden. Ein Job, den ich abgeschnitten von der Außenwelt allein mit einem Computer oder Telefon fristen müsste, käme für mich nicht infrage. Und das liegt neben den Geschichten, neben diesen seltsamen Begebenheiten mit den Kunden eben auch an den *wundervollen* Begegnungen mit Menschen, die mir die Tränen der Rührung in die Augen und die Gänsehaut auf den Unterarm treiben.

Natürlich ist es unfassbar und unfassbar witzig zugleich, wenn ein Kunde vor einem steht und einen anpoltert, man habe ihm zu viel versprochen, als man ihm die Türkeireise verkaufte. Und wenn man auf ein »Wieso?« zur Antwort bekommt: »Weil es am Strand kein Steak gab!« Und man sich gar nicht daran erinnern kann, dass man ein Steakhaus am Strand versprochen hat, da man dieses eine Hotel an diesem tollen Strand in der Türkei schon so oft verkauft hat und man ja schön dumm wäre zu behaupten, dass es dort ein Grillrestaurant oder Steakhaus am Strand gebe, wenn man doch genau weiß, dass es da, bis auf diese schöne Hotelanlage, eben nichts anderes gibt als diesen schönen Strand.

»Dann holen Sie mal bitte schön den Katalog von hinten, Sie haben es uns doch sogar noch vorgelesen!« Und man tut das dann sogar, nicht ahnend, worauf es eigentlich hinausläuft. Wenn die Auflösung dann, wie von einem selbst vorgelesen, ist, dass es einen »Steg am Strand« gibt, dann weiß man, nachdem die Kinnlade heruntergefallen ist, wieder einmal gar nicht, ob man zuerst lachen oder *sehr laut* lachen soll.

Das ist ähnlich wie bei dem Ehepaar, das eine Stunde nachdem es einen »Nur-Flug« Hamburg–Gran Canaria bei mir gebucht hatte, wieder auf der Matte stand und sich laut-stark beschwerte, ich hätte ihnen stattdessen einen Ham-burg-Las-Palmas-Flug angedreht, was sie zum Glück gerade auf den Tickets entdeckt hätten.

Oder wie ein Kollege von mir – ich möchte ausdrücklich sagen, es passierte *nicht* mir selbst – einst erzählte, dass sich ein Familienvater mit seiner Frau und seinem traurigerwei-se übergewichtigen Kind bei ihm beschwert habe, dass eben dieser, sein Sohn, keinen glücklichen Urlaub gehabt habe. »Wieso?«, will man da natürlich wieder wissen. »Weil das Poolwasser eben nicht wie Brause geschmeckt hat!« »Wie-so sollte es denn wie Brause schmecken?« »Sie hatten einen Süßwasserpool versprochen!«

Wie gesagt, das ist nicht mir passiert, aber ein Schu-lungsbeispielklassiker unter uns L'tur-Reiseverkäufern da-für, dass man immer versuchen sollte, seine Kunden ernst zu nehmen. Egal was da kommt.

Apropos »was da kommt«. Neulich kam ein Kunde zu mir, aber kein Stammkunde, der fünfmal im Jahr bei mir am Schalter steht, um einen Trip nach Málaga zu buchen. Sondern einer, der vielleicht drei-, viermal in den letzten 20 Jahren an meinem Schalter gestanden hat. Und der im-mer mit knappem Budget das gesucht hat, was er sich unter normalen, Nicht-Last-Minute-Umständen nicht hätte leis-ten können. So reiste er einmal mit seiner Frau nach Kor-fu und vor Jahren gönnte er sich eine Wien-Städtereise in ein prunkvolles Viersternehotel. »Ach, wissen Sie, wir ha-ben dieses Schloss besucht, na, da, wo Sisi lebte, es war so schön!«

»Frau Khomeini …« (passiert mir immer wieder, ich nehme es nicht mehr krumm) »wir haben leider noch nicht genug Geld zusammen, uns aber ganz fest vorgenommen, irgendwann in den kommenden Jahren nach Madeira zu fliegen, dahin, wo Sisi auf Kur war! Vielleicht denken Sie mal an uns, wenn etwas Passendes reinkommt …« Und dann kramte der gute Mann in seiner Plastiktüte herum und hob etwas auf den Tresen meines Schalters: »Und weil Sie doch heute Geburtstag haben, hat meine Frau Ihnen einen Kuchen gebacken, wir wollten uns dafür bedanken, dass Sie uns unvergessliche Momente in den letzten Jahren beschert haben!«

Zwei Dinge sollten Sie wissen: Ich mag Kuchen nicht wirklich. Und: Ich erzähle meinen Kunden nicht wirklich etwas über mein Privatleben.

Noch zwei Dinge sollten Sie wissen: Der Kuchen schmeckte mir sensationell gut und ich weiß nicht, woher er wusste, dass ich an diesem Tag wirklich Geburtstag hatte.

Aber ich war so gerührt über diese Geste und so glücklich über meinen Job, dass ich an diesem Tag auch meine beiden Schalter für immer hätte schließen können – was sollte noch kommen?

Die Antwort ist allerdings einfach und wurde schon im Herbst des Folgejahres gegeben: in Form eines sehr, sehr günstigen Flugs Hamburg–Madeira für zwei Personen, samt Privattransfer in ein Viersternehotel mit Blick auf Funchal, die Hauptstadt Madeiras, in die die Kaiserin von Österreich einst zur Kur geschickt wurde.

»Wir haben das Sisi-Denkmal besucht, der größte Traum

unseres Lebens ist wahr geworden!«, haben sie mir später zu berichten gewusst.

Der Mensch ist etwas so Wunderbares, der Mensch namens »Kunde« erst recht.

Mein Telefon klingelte mich aus meinen Gedanken. An der Nummer sah ich, dass es mein geschätzter Kollege Michael Simon vom Schalter am Flughafen Frankfurt, dem größten deutschen Flughafen, war. Wir verstehen uns gut und wir freuen uns, wenn wir uns gegenseitig helfen können.

»Maryam, meine Liebe, du kannst dir nicht vorstellen, was mir gerade passiert ist?!«

»Du hast endlich mal eine Reise verkauft?!«, scherzte ich, wissend, dass Michael einer der wirklich sehr erfolgreichen Kollegen ist, die für L'tur arbeiten.

»Ne, Maryam, *du* hast vor Kurzem eine unvergessliche Reise verkauft, die Kunden von dir waren gerade an meinem Schalter, weil sie eben in Frankfurt gelandet sind. Die Geschichte ist unglaublich! Wirklich seltsam … und sie konnten es offenbart nicht abwarten, bis sie mit der Bahn in Hamburg ankommen, sie mussten dem Erlebnis der letzten zwei Wochen direkt an meinem Schalter Luft machen!«

Ich befürchtete das Schlimmste: »*Worum* geht es?«

»Sagen dir die Namen Olaf und Sandra Petersen etwas?«

»Ja, klar! Buchen regelmäßig bei mir, müssten dieser Tage aus Ägypten zurückgekommen sein! Über Frankfurt … sind die bei dir aufgeschlagen?«

»Tja, Maryam, wenn du denkst, die waren in Sharm el-Sheikh, dann hast du dich getäuscht. Oder besser: *Die* haben sich getäuscht. Sie haben mir nämlich gerade erzählt, dass sie bei dir am Schalter waren, um, wie immer, auf die Kanarischen Inseln zu verreisen.«

»Richtig, aber du weißt ja, wie das ist: Weihnachten, Silvester, alle Flüge waren ausgebucht über die Feiertage, was wollen die auch ausgerechnet dann weg, sonst fliegen die immer in den Herbstferien …?!«

»Eben, meine Liebe. Aber hast du denen das auch gesagt?!«

»Natürlich habe ich denen das gesagt, nachdem wir Fuerteventura, Teneriffa, Gran Canaria und Lanzarote durchgegangen sind, alle Rückflüge nach Deutschland vor dem 4. Januar ausgebucht waren und er ja am 5. wieder zur Arbeit musste … ach ja: und La Gomera für sie nicht infrage kam!«

»Was hast du dann gemacht?«

»Ich habe gefragt: Worum geht es euch? Ums Klima? Und sie haben Ja gesagt.«

»Und dann?«

»Dann habe ich gesagt: Ich habe da etwas in der gleichen Klimaregion, auch viereinhalb Stunden Flug, und habe ihnen zehn Tage Sharm el-Sheikh, Ägypten, verkauft!«

»Ich weiß, Maryam, ich weiß. Aber kannst du dir vorstellen: Die beiden wussten es *nicht*!«

»Was?«

»Sie landeten also auf dem Sharm el-Sheikh International Airport, wurden von unserem Agenten abgeholt und in ihr Hotel gefahren. Schönes Hotel hast du denen ausgesucht!«

»Danke! Und?«

»Sie dachten, sie seien auf den Kanaren!«

»Was?«

»Sie verstehen kein Spanisch und kein Arabisch. Sie haben aber irgendwie bemerkt, dass sich diese Sprachen unterschiedlich *anhören!*«

»Und?«

»Und haben gedacht: Na klar, die Kanaren liegen vor der afrikanischen Küste, da wird es bestimmt viele Araber geben, die in den Hotels arbeiten!«

»Was?«

»Sie dachten, du hättest sie auf irgendeine Kanareninsel geschickt! Sie haben sogar Ausflüge gebucht …«

»Und auch da ist ihnen nichts aufgefallen?«

»Sie dachten, sie hätten eine Folklorestadt besucht, so eine Art nordafrikanisches Phantasialand auf spanischem Boden. Mit Kamelen, Minaretten, Basaren und Schlangenbeschwörern!«

»Wie hat es sich aufgeklärt?«

»Sie haben nach sieben Tagen ganz direkt an der Rezeption gefragt, ob es einen Ausflug zu einer der kanarischen Nachbarinseln gebe?! Der Kollege am Empfang dachte, er sei bei *Versteckte Kamera* …«

»Das kann doch nicht wahr sein, muss ich mich jetzt die nächsten Tage krankmelden, weil die hier wutentbrannt aufschlagen werden?«

»Das ist es ja: Sie sind deswegen direkt zum erstbesten L'tur-Schalter nach ihrer Landung gekommen, weil sie unbedingt loswerden wollten, dass es der schönste ›Kanarenurlaub‹ ihres Lebens gewesen sei und wie kurzsichtig sie doch gewesen seien, in den letzten zehn Jahren immer wieder ausschließlich Urlaub auf den Kanaren gebucht zu haben.«

»Das ist ja unglaublich! Dann haben sie also, weil sie mir bei der Buchung nicht richtig zugehört haben, ihren Horizont erweitert?! Das ist doch schön!«

»Sollte man meinen, stimmt, Maryam … du hast ihr Leben grundlegend verändert!«

»Was soll das heißen?«

»Du kannst dich schon einmal darauf gefasst machen: Sie wollen ab jetzt nur noch nach Ägypten! Jedes Jahr!«

NACHWORT

Es muss irgendwann im Jahr 1991 gewesen sein. In einigen Wochen sollte ich mit meinem pinkfarbenen L'tur-Schalter am Hamburger Flughafen, damals noch im alten Charterterminal 1, mein erstes Jahr begehen dürfen. Ein Jahr an einem der größten Flughäfen Deutschlands in einem Gewerbe, das ich nicht erlernt hatte, für das ich aber von der ersten Sekunde an eine Leidenschaft in mir trug, die es mir ermöglicht hat zu bestehen. Das Wort »Leidenschaft« darf man aber nicht zu wörtlich nehmen, die vergangenen Monate hatten bei mir kein Leiden hervorgerufen, ganz im Gegenteil, ich ging voll und ganz auf in meinem neuen Beruf. In meiner neuen *Berufung.*

Zum Einjährigen plante ein Hamburger Radiosender, über mich und meinen Schalter zu berichten, und schickte zu einem Vorgespräch einen jungen Kollegen, der sich mit mir am Flughafen treffen sollte. Wie es so meine Art ist, vertröstete ich ihn erst einmal, da der Schalter voll war und jede unverkaufte Reise eine schlechte Reise für mich ist. So wartete er geduldig in der Tür zu meinem Backoffice, wenige Meter, aber in gebührender Entfernung zum Tresen darauf, dass ich für ihn Zeit fand. O. K., er wartete drei Stunden … und ging mit einer Last-Minute-Reise nach Sri Lanka nach Hause, obwohl er eigentlich nicht hatte verreisen wollen. »Es ist ja unfassbar, was Sie hier am Schalter so alles erleben!«, sagte er noch und kam in den kommenden Wochen bis zum Abflug mehrfach und jedes Mal für Stunden wieder. Nur um mich und meine Kunden zu beobachten. »Das glaubt einem doch keiner, man müsste ein Buch darüber schreiben ...«

Später stellte er mir noch einen seiner Radiokollegen vor und fragte, ob dieser auch einmal ein paar Stunden bei mir am Flughafen verbringen dürfe. Als er das erste Mal mitkam, buchte er eine Last-Minute-Reise nach Andalusien, obwohl er eigentlich nicht hatte verreisen wollen.

Beide kamen noch oft an meinen Schalter. Natürlich wollten sie manchmal auch verreisen, aber meistens wollten sie nur bei mir sitzen und beobachten, was wieder so Verrücktes passiert, wenn Schnäppchenjäger auf die letzte Minute einen Traumurlaub ergattern wollen.

Aus Kundschaft wurde Freundschaft und aus einer Idee vor beinahe 25 Jahren wurde dieses Buch. Wissen Sie, ich habe diese Geschichten erlebt, kann viel, lang und laut quasseln, aber zu Papier bringen konnten meine Erlebnisse nur diese beiden Freunde, mit all ihren jahrelangen Erfahrungen als Autoren und Journalisten, und die in all den Jahren immer wieder Augenzeugen dieser Erlebnisse wurden. Ich bin ja nur die Tochter eines Basaris. Eine Last-Minute-Reiseverkäuferin.

Vielleicht passen die Last-Minute-Branche und ich seit 25 Jahren so gut zusammen, weil nicht nur ich damals im Job des Reiseverkaufens, sondern auch das Last-Minute-Reisen neu war. Es gab ja kaum einen im Land, der damit bereits Erfahrung gesammelt hatte, da das Last-Minute-Geschäft noch in den Kinderschuhen steckte. Sonst nahezu unverkäufliche Restplätze wenige Wochen vor dem Flugdatum von den Fluggesellschaften günstig zu erwerben und mit Restplätzen in Hotels zu kombinieren, um das Ganze als »Last-Minute-Reise« an den kurzfristig reisebereiten Mann (und/oder seine oder eine Frau) zu bringen, das gab es so noch nicht in Deutschland. Erfunden hat es ein Mann, dem ich bis heute nicht nur jeden Tag aufs Neue dafür danke, dass er mir die Chance gegeben hat, in Deutschlands zweitgrößter Stadt das erste Büro für Last-Minute-Reisen zu eröffnen, sondern den ich bis heute auch noch jeden Tag dafür bewundere, was er mit seiner Kreativität und Genialität alles auf die Beine gestellt hat.

Karlheinz, danke dafür, dass du an mich geglaubt hast und dich dein Glaube nie verlassen hat. Und danke dafür, dass du und unser Leiter der Rechtsabteilung, Martin, mir immer freie Hand gelassen habt, wenn es darum ging, die verrückten Aktionen einer Teppichhändlertochter aus Persien im Namen von L'tur gutzuheißen. Wenn sich einmal wieder Menschen in Badehosen und Bikinis bei Minustemperaturen auf der Besucherterrasse des Flughafens in große, pinkfarbene Eiswasserbottiche stellten, um einen 1000-Euro-Gutschein von L'tur zu ergattern, dann geschah das, weil ihr erlaubt, dass ich jeden Tag aufs Neue Spaß an meinem Job haben darf. Und dass nur der gewinnen konnte, der am längsten aushielt und somit blau angelaufen vor Kälte einen perfekten Farbkontrast zum pinkfarbenen Bottich bot. Geschenkt.

DIE AUTOREN

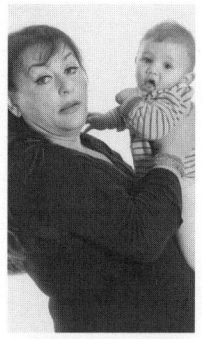

Maryam Komeyli, 1962 in Teheran geboren und mit sieben Jahren nach Deutschland gekommen, sitzt seit 25 Jahren an einem Last-Minute-Schalter am Hamburger Flughafen. Niemand verkauft so erfolgreich Urlaubsreisen wie sie. Sie erlebt Tragödien, Romanzen, Rührendes und Schockierendes. Ihre schrägen Geschichten waren schon oft Inhalt von TV-Dokumentationen und Talkshows.

Andreas Heineke, Jahrgang 1967, arbeitet seit über 20 Jahren als Moderator, Autor und Journalist, u.a. für ZDF, Sat.1, Viva, MTV und NDR. Er ist reisebegeistert, liebt schräge Geschichten, atmet auf Flughäfen tief durch und braucht das Schreiben wie andere den Reisepass. 2013 erschien sein Reiseroman »Der Sound der Provence«.

Christian Löwendorf, Jahrgang 1970, Journalist, Autor und Executive Producer großer Fernsehshows, lernte Maryam Komeyli vor über 20 Jahren während seines Volontariats kennen. Fasziniert von dem, was er Unglaubliches bei ihr am Schalter erlebte, entstand schon früh der Plan, diesen ganzen Wahnsinn eines Tages zu Papier zu bringen.

Edel Books
Ein Verlag der Edel Germany GmbH

Copyright © 2015 Edel Germany GmbH, Neumühlen 17, 22763 Hamburg
www.edel.com
1. Auflage 2015

Dieses Werk wurde vermittelt durch die Verlagsagentur Lianne Kolf/München
www.agentur-kolf.de

Projektkoordination: Nina Schnackenbeck
Text: Andreas Heineke und Christian Löwendorf
Lektorat: Nina Schnackenbeck
Layout und Satz: Miriam Kunisch, Kathleen Bernsdorf
Groothuis. Gesellschaft der Ideen und Passionen mbH
www.groothuis.de
Umschlaggestaltung: bürosüd | www.buerosued.de
Fotografien Cover: Sven Heineke
Illustrationen Cover und Innenteil: BüroSüd | www.buerosued.de
Lithografie: Frische Grafik, Hamburg
Druck und Bindung: optimal media GmbH,
Glienholzweg 7, 17207 Röbel/Müritz

Printed in Germany

ISBN 978-3-8419-03242